曾昭旭◎著

在無何有之鄉遇見莊子

目錄
contents

卷二　養生主

卷三　齊物論

卷四　人間世

卷六　大宗師

卷七　應帝王

序言

在無何有之鄉遇見莊子

在中華歷史上，有兩個人在哲學史和文學史上都據有同樣崇高的地位，也發揮無與倫比的影響力，就是孟子和莊子。

孟子在儒學上地位僅次於孔子，稱為「亞聖」，但在文學史上可比孔子還重要。乃是因為孔子的道德生命還是以內斂的體驗實踐為主，孟子卻是由內而外，發揮出道德生命的光輝熱力，因此文采文氣也自然比較盛美。唐宋八大家之首的韓愈便自謂深受孟子的影響。也可以說孟子秉持他的養氣之道，建立起儒家型剛健的文學典範。

至於莊子，則是不但在道家哲學上的地位絲毫不比老子遜色，在文學上的影響更是獨步千古。歷代的詩人、文人、藝術家，幾乎沒有人不喜歡莊子的。為什麼呢？便因中國哲學，包括儒家道家，本質上都是一種生命哲學。哲學的呈現形態因此不近於科學（如西方哲學）而近於文學；也就是不適合用概念語言進行分析論證，而適合辯證地即事說理，或設計種種故事情節、象徵隱喻來進行對「道」的烘托指點。就此而言，不但儒家說理嫌於質實（因此更接近真實的生活而非虛擬的文學）；就是同屬道家的老子，對道的表示也嫌偏於理（形上之道）而略於文（文學之文）。真正在哲學、文學兩路都達到高明圓妙之境而即文即道的，恐怕以莊子為第一人。可以說，莊子不但建立了以氣韻生動為主的道家型文學典範，也展示了生命哲學應如何表述的語言使用規準。如他的〈齊物論〉便是「中國哲學方法論」領域中最重要的一篇文章。

正由於莊子具有這樣重要又特殊的身分與性格，所以我覺得要介紹莊子，不管是其人或其書，比起介紹孔子、孟子、老子都難得多。當我在《中華日報》以小專欄方式談論過孔、老、孟之後，雖然以「愛情是什麼東西」、「自我是什麼東西」兩專欄又拖過三、四年，最後終仍不得不面對莊子之時，老實說，可真是我的一大考驗。

就更不用說《莊子》書中每一篇都是長文，而且文意自然貫串，難以割裂，極不適合用小專欄、短篇幅來介紹了！

那怎麼辦呢？老實說當時我也不知道，心想就看著辦罷！

其實輕鬆點，別緊張，不妨順生命之自然，而隨感隨應，這不正是莊子的根本精義所在嗎？不也正是莊子所謂「和之以天倪，因之以曼衍，所以窮年」（〈齊物論〉）嗎？

●

當時的我是這麼想的：

不妨先從文學的角度，談談《莊子》書中的一些重要寓言，然後從此切入，去談莊子的生命哲理。

當然，在寓言與哲理之間，我們會時時引當代人的生活事件以為印證，也不忘都要回歸到《莊子》文本中的精言妙語以為依據。而在文與理之間、古與今之間，在作者、詮釋者與讀者之間，是否會偶而碰撞出什麼火花，映照出什麼境界，就非我所知，也無從掛懷了！莊子不是說嗎：「萬世之後而一遇大聖，知其解者，是旦暮遇之也！」（〈齊物論〉）

而在開講之前，我們不妨就先簡單介紹一下莊子其人其書罷！

莊子姓莊名周，戰國時蒙地人，生平不可考，只知道做過漆園吏……總之，莊子就是個凡人，或說一般人，就如同你我一樣有起碼的姓名、籍貫、學經歷以聊供指認。其實這不就夠了嗎？其他的豐功偉業、特殊稟賦，只徒然讓人生變得複雜不清爽、負擔不自由罷了！有了多餘的這些，人就做不成凡人了！沒有了無謂的這些，人才是純然在生活著的真人啊！

而莊子，就是一個平凡、普通的真人。

至於《莊子》這本書，到底是不是莊子寫的？老實說，也不可確考。歷來有許多學者，就每一篇內文猜來猜去，聚訟紛紜，也無法有不可動搖的答案。意見比較一致的，是認為內七篇（〈逍遙遊〉、〈齊物論〉、〈養生主〉、〈人間世〉、〈德充符〉、〈大宗師〉、〈應帝王〉）應該是莊子寫的。至於外篇、雜篇中的文章，就恐怕不是莊子所作，而只是因思理與莊子同調而被編輯進同一部書罷了！

為什麼只說內七篇應該是莊子寫的，而不肯定說就是莊子寫的呢？就因為在客觀考證上找不到確鑿的證據。但這樣說來不是很扯嗎？我們對它嘆為觀止的這部奇書，竟然連是不是莊子寫的都不確定，那麼我們前文對莊子這麼推崇不就都落空了嗎？

其實您也不用擔心，我知道內七篇一定是莊子寫的。這怎麼說？

這可以有兩個步驟來證明。第一步：我們遍觀內外雜篇的所有文章，的確以內七篇義理最為閎深而純正，筆法最為綿密而一致，應該是出於同一人之手。不像外雜篇，水準不一，駁雜不純；即使是寫得最好的〈秋水〉、〈天下〉，與內七篇相比，也依然嫌有斧鑿之跡。

第二步：既然通過上述的「內證」（有別於資料考證的「外證」），可以認定內七篇出於同一人之手，那麼這人是誰呢？很簡單，我們就設定寫七篇的人名為莊子，於是內七篇就一定是莊子寫的了！（因為這就是我們的設定呀！）

您一定說這不是太扯了嗎？我說一點也不！前面介紹莊子其人時不是說他就是凡人、一般人，也就是真人嗎？原來這意思就是說：當我們稱「莊子」時，其實不是就每個人有限而分化的形貌來指稱（在此每個人都是不同的，也是渺小而無常的），而是就每個人生命內部普遍而真實的生命來說的。我們正是就這點本質而稱「真人」。而《莊子》內七篇要呈現的正是這一點真人的本質，那麼它除了真人，還有誰能寫得出來呢？既然莊子的命名之義就是指稱真人，那麼《莊子》內七篇是莊子寫的，不正是天經地義嗎？

您還覺得我說的太扯嗎？如果是，您大概就很難懂莊子。如果覺得有道理，或者恍然若有所悟，那麼恭喜你，您可以欣然開始來讀這本書了！

＊

以上大致是本書在七年前開始在《中華日報．副刊》以小專欄連載的方式將《莊子》內七篇引原文逐段疏解之前，首先發表的序言。如今成書出版，將全書重讀一遍，覺得這篇序文雖依然貼切可用，但仍須在文後再補作一些交代：

1. 這種每篇一千二百字左右的連載短文方式，雖然好像有將《莊子》原文零碎切割之嫌；但其實也有好處，就是讀者不妨就順這種寫法，也用讀連載的心情去讀，好像也有讓心情放鬆的功效。於是本來難讀難懂的《莊子》，竟也可以輕鬆讀完了！這倒也是原初沒想到的妙招呢！

2. 其次，同樣基於輕鬆閱讀的觀點，當初為配合報紙副刊的性質，對《莊子》原文的艱澀字詞只隨文用括號簡單解釋，而不一一加注的作法，好像也可以沿用到成書出版。坦白說：我一貫的理想，就是讀者不必花很多讀注釋、考證的工夫，單純閱讀我的疏解文字，就可以讀懂《莊子》原文。之前我疏解《論語》、《孟子》、《老子》，都是這樣做，本書當然也不例外。

3. 關於對《莊子》內七篇的疏解順序，讀者可能會發現和《莊子》原書的順序不同，就是我將〈齊物論〉和〈養生主〉的次序顛倒了！請問這是為什麼呢？原來是：我認為內七篇雖篇篇都可獨立成文又互相呼應，但仍有各自的重心焦點，可以大致組成一個義理系統：

〈逍遙遊〉是生命理想或境界的提出（姑比附為本體論）。以下從〈齊物論〉到〈大宗師〉五篇則都是如何實現這理想境界的討論（姑比附為工夫論）。而五篇中，〈養生主〉是工夫總原則的提示，餘四篇是修養原則的落實應用。而四篇又可以再分為總論與分論兩部分：〈齊物論〉是總論如何消解語言、概念、知識對人生的束縛與所造成的負累（因為人生的束縛負累全是由語言知識造成的）。其餘三篇則就語言知識的負累中，選三項最通常普遍的為例分別探討，那就是人際關係的負累（〈人間世〉）、形軀的負累（〈德充符〉）和死亡的負累（〈大宗師〉）。然後，最後一篇〈應帝王〉則是表述當種種工夫都修行到位之後，人生的實存狀態（這時不止是理想境界而已）會是如何？此則不妨比附為功效論。

為配合這樣的義理發展順序，本書才把〈齊物論〉和〈養生主〉作了對調。當然這樣的順序編排也只供方便參考，不必以現代學術的嚴謹結構視之。

卷一　逍遙遊

鯤魚大鵬鳥在說些什麼？

北冥有魚，其名為鯤。鯤之大，不知其幾千里也。化而為鳥，其名為鵬。鵬之背，不知其幾千里也；怒而飛，其翼若垂天之雲。

——〈逍遙遊〉第一段

莊子書中最著名的寓言，恐怕就是這一則鯤鵬之喻了。先請問：莊子為什麼老愛用這種非真實的寓言來表達他心目中的「道」或者義理呢？最根本的理由就是「道」本來就無法用記錄事實的科學語言來表述，而只能用象徵境界的文學語言來指點。乃因莊子所要表達的「道」，本來就不是指客觀事實，而是指藉客觀現象而呈現、而流露的生命真情。

當然，得是真情才配稱為道。如果是受傷、扭曲、變質、異化的感情，就不是真情而是妄情與非道了。但請問生命感情是緣何受傷變質的呢？又無非是被真情藉以呈現流露的人間現象或所謂「客觀事實」所遮蔽，結果反賓為主，真情反而被悶住而不能舒暢流露，遂成為扭曲的妄情。

而真情所以會被假相（臨時借用的表相）所蔽，又無非是被所謂「客觀事實」這隆重威嚴的說詞所鎮住，以為客觀事實是真實永恆不變的。卻不知那是就科學觀點而言，若就人生命的情意流露而言，那只是隨緣的假借。當事相遷流不息，我們傳達真情的方式也會、也當隨之變化調整，庶幾恰如其分，無不時中。所謂「萬紫千紅總是春」，重點在春意，花色是紅是紫有什麼關係呢？能隨緣呈現就好。也正如鄧小平的名言：「黑貓白貓，能捉老鼠就是好貓。」

由此看來，莊子的道理本質上是一種藉靈活應變以維持生命感情之真的學問。所以他才不要使用質實凝重的科學語言，而轉用虛靈活潑的文學語言，好讓讀者容易放下虛構的故事情節，轉去注意到閃現在字裡行間的真情或「道」。

就像這一則鯤鵬之喻，文字中就蘊涵有不要執著字面定義而當唯變所適的暗示。

首先，文中所說的鯤魚與鵬鳥，都是虛構的，世上並沒有這樣大的魚或鳥。他雖然也從一般經驗中的魚、鳥發想，但已通過無限誇張而超越事實的界限了！這種手法用現代語言來說，就是所謂「超現實」或「魔幻寫實」。

其次，這條北天池生產的大魚，名字卻叫做「鯤」。鯤是魚卵，原是極細小的事物，為什麼極大的魚卻用極小的卵來命名呢？原來就是暗示人莫執著名相，要隨時放下事實名相的束縛，回歸到生命的自在逍遙（這才是大，才是道）才是。

最後，這條大魚為什麼會變成一隻叫鵬的大鳥呢？按〈逍遙遊〉下文的發展，都只是大鵬鳥的情節而再沒有鯤的戲分了！這樣說來前頭的鯤魚云云豈不是多餘嗎？但其實不然，莊子正是要藉此暗示一切都是假相，大鵬也非真實，牠前身原是大魚，則往後也可能變為他物。總之，情真才最重要，而假相若放下執著，也就不假而反成活潑了！

真的，小小一段鯤鵬之喻，隱藏的趣味和義理還真不少哩！

大鵬鳥一飛沖天所為何來？

……是鳥也，海運則將徙於南冥。南冥者，天池也。齊諧者，志怪者也。諧之言曰：「鵬之徙於南冥也，水擊三千里，摶扶搖而上者九萬里，去以六月息者也。」野馬也，塵埃也，生物之以息相吹也。天之蒼蒼，其正色邪？其遠而無所至極邪？其視下也，亦若是則已矣！

——〈逍遙遊〉第一段

上文已介紹過鯤化為鵬這個寓言了，下面就全是大鵬鳥的故事而沒有鯤魚的戲分了！那麼好，大鵬的故事是什麼呢？

首先要介紹大鵬的一次壯遊，就是要從北天池飛到南天池。為什麼要飛到那麼遠的地方去呢？沒辦法，因為牠太大了！連起飛都不容易。先要趁著海嘯動盪之勢（海運）才能起飛，而且當牠要起飛的時候，雙翼要激烈拍打水面往前衝三千里，才能取得脫離地心引力的速度。離水面之後還要藉著龍捲風（「扶搖」以及下文說的「羊角」）的幫助往上衝九萬里，來到同溫層向南平飛。而且這一飛就至少要飛六個月才停得下來……。試問這樣驚人的威勢，哪能不一飛就飛到南天池呢？近的地方（例如從台北飛到高雄）牠根本一衝就已過頭了！

——這不由得讓我想起巨無霸客機，例如英、法曾合作產製的協和號，起飛時也是呼嘯聲震耳欲聾，而且只作跨歐美洲越洋航行。就是因為陣仗太大，票價太貴，不堪虧損，最後只好停飛。

好，現在說回到大鵬，大鵬花那麼大力氣飛到南天池，請問所為何來？

——這又不免讓我想起當年太空人阿姆斯壯乘著火箭代表人類首度登上月球的往事。太空探險計畫也是勞民傷財，所費不貲。我們也可以這樣問：美國（或人類）耗費如此龐大的資源去登月，又是所為何來？

當然，我們或許就可以用阿姆斯壯登月後的兩句話來作概括性的回答。第一句是：「我的一小步就是人類的一大步。」第二句是他從月球回望滾圓的地球，不禁讚嘆地說：「太美了！」欸！那可是第一次有人從月亮望地球吔！（從地望月是多了，從月望地可是希罕得很！）莊子的意思也是這樣，大鵬一飛沖天，就是想從天上下視人間，好看清人間的真面貌！

原來人活在人間，因為太近，反而「不識廬山真面目」，往往誤塵囂紛擾為人生真相。其實看人生至少要從兩個角度而且互相參照，才是全貌。一是入乎其中，親身體驗（所謂微觀），一是出乎其外，觀照全局（所謂宏觀）。就如天的顏色，我們總以為就是灰藍（蒼蒼），但這就是天的本色了嗎？說不定只是遠看如此罷了！對天，我們知遠不知近，對地，我們知近不知遠，所以大鵬才要一飛沖天，為的就是補足此憾，以窺人生的全貌啊！

辛苦修道之必要

……且夫水之積也不厚，則其負大舟也無力。覆杯水於坳堂之上，則芥為之舟；置杯焉則膠，水淺而舟大也。風之積也不厚，則其負大翼也無力。故九萬里，則風斯在下矣，而後乃今培風；背負青天而莫之夭閼者，而後乃今將圖南。

——〈逍遙遊〉第一段

上文提到大鵬鳥為什麼要一飛沖天，是為了要從另一個角度看人生，好補足人見小（衣食謀生）不見大（意義理想）、知近（現象形色）不知遠（形上真理）的缺憾。這意思同樣可以引申來質問我們在此苦讀莊子，窮析奧義，到底所為何來？不也正是為了要另開一隻天眼，去看透人生嗎？

原來人在衣食不周之時，是只能忙於謀生，無暇再去想什麼人生道理的。但當人吃飽飯，這更深一層的人性需求與人生疑惑就浮現了！這就是意義、價值、尊嚴的需求；與順著以往謀生的方式去向外追求價值尊嚴，卻始終得不到真正意義感的疑惑。

原來人生意義價值尊嚴的需求，與衣食的需求是不同的，求其實現的方法途徑也不同。大致來說：後者都靠外求，所以人得學習種種謀生技能，才能工作賺錢養家。但前者卻要靠人反求諸己，從促進心靈自覺、建立根本自信、培養獨立人格，到推己及人、愛人助人、人我相融為一體等等，都是一種創造性的自我實現努力，我們不妨就總稱為謀道、修道，以和謀食、求生相對照。

但謀道修道，要怎麼謀怎麼修呢？或者說大鵬鳥要另開天眼以看人生要怎麼開？這方法途徑既和謀生不同，當然不能沿用以致走上歧途（吃飽了還拚命吃，只會生病；錢夠用了還拚命賺，只會導向驕奢淫佚，而心靈反更空虛），而須另闢蹊徑。所以大鵬不能留在地上（象徵用一般的謀生技能），而要一飛沖天到另一個領域（象徵經由創造而展開的自由世界），才能看到人生的另一種景象（象徵自由感、意義感）。

當然，謀生已不容易了，修道無寧更為艱難。於是莊子在大鵬一飛沖天的意象中，更強調牠歷程中的努力與艱苦：牠得飛到夠高的地方，才能有更廣大的空間（背負青天而莫之夭閼），夭閼是阻擋之意），去供他拍打翅膀（培風），好獲得足夠的浮力（風之積也不厚，則其負大翼也無力）以南飛（飛到南天池，也就是人生的另一境界）。莊子並且舉生活中的實例來說明這上沖九萬里的必要，就好比港口的水若不夠深，就無法讓排水量大（如數千噸）的船進港靠岸；也好像倒一杯水在堂前的窪地，是只夠浮起一根稻草，若放上一只茶杯，立刻就擱淺了！無他，水太淺，船太大罷了！

原來，天下沒有白吃的午餐，「道」或說人生的自由境界也不會自動從天上掉下來。所以付出一番辛苦與努力去研究經典、思考義理；並在生活上嘗試去創造與實踐，是十分必要而且責無旁貸的啊！

酸葡萄源於不修道

……蜩與學鳩笑之曰：「我決起而飛，槍榆枋（而止），時則不至而控於地而已矣，奚以之九萬里而南為？」適莽蒼者，三飡而反，腹猶果然；適百里者，宿舂糧；適千里者，三月聚糧。之二蟲又何知！小知不及大知，小年不及大年。奚以知其然也？朝菌不知晦朔，蟪蛄不知春秋，此小年也。楚之南有冥靈者，以五百歲為春，五百歲為秋；上古有大椿者，以八千歲為春，八千歲為秋。而彭祖乃今以久特聞，眾人匹之，不亦悲乎！

——〈逍遙遊〉第一段

上文談到要另開天眼，看到人生另一重真理，是要付出一番求道、學道的辛苦努力的。但一般困於衣食的人卻不明白，遂以自己的生活經驗為準去批評學道之士，例如常識笑念文學院尤其修學藝術科系的人白花錢、白花力氣卻毫無實用，又不能當飯吃，只會窮困終生……。就像小鳥譏笑大鵬：「我隨便拍拍翅膀就飛起來了，飛到樹頂也就夠高了，在空中飛個把鐘頭也就夠久了！幹嘛要那麼費力水擊三千里、上沖九萬里，還要飛到那麼遠的南天池去呢？」

莊子對這無知的俗見當然很感慨，遂先用一個出門旅行的例子來說明：去郊外走一走的人什麼都不用帶，因為吃過早餐出門，還沒到吃午飯的時刻就已回到家了，肚子還飽飽的哩！但若要到百里外的地方，就得在出發前一天做好便當了！至於要到極遠的地方，更須要在三個月前就規劃行程、準備各種設備物資，才能順利完成，哪能念頭一動，說走就走呢？

這讓我們想起要登喜瑪拉雅山的人，真的是要在三年前就開始準備，不但自己要經過艱苦且循序漸進的訓練，還要組織團隊、購置龐大設備、擬訂周詳計畫。到真正攀登的時候，更是得戒慎恐懼，步步為營。到最後才能以全隊力量，支持極少數人登頂。令人真的忍不住問：花那麼大力氣到底所為何來呀？

莊子對此簡單用「小知不及大知，小年不及大年」來回答。他先舉生命短促的生物為例，如早上長出的菌類不等到天黑就枯死了，所以無從經驗黑夜的情狀。壽命不過數月的蟲子也是知春就不知秋。再舉壽命遠過於人的大龜、大椿樹為例，點出那也遠超過人的經驗範圍。所以人只懂得羨慕活了八百歲的彭祖，不知道還有更值得我們嚮往的境界哩！

這於是從形軀的壽命（年）進入心靈的領域（知）。人壽雖不過百年，心知卻可以開拓到無限，而滿足人性對自由、永恆的欲求。當然，這得付出啟發心靈自覺、超越現實困限的修道工夫才行。

其實這願望人人都有，絕無例外。一般人困於衣食，不求上達，其實只是自暴自棄罷了！我們從蜩與學鳩會譏笑大鵬，便可窺見牠們既羨慕又不屑的防衛心態。

因為修道，反而染上更深的病

……此小大之辯也。故夫知效一官，行比一鄉，德合一君，而徵一國者，其自視也亦若此矣。而宋榮子猶然笑之。且舉世而譽之而不加勸，舉世而非之而不加沮，定乎內外之分，辯乎榮辱之境，斯已矣。彼其於世未數數然也。雖然，猶有未樹也。夫列子御風而行，泠然善也，旬有五日而後反。彼於致福者，未數數然也。此雖免乎行，猶有所待者也。

——〈逍遙遊〉第一段

莊子在說完鯤化為鵬，一飛沖天去辛苦求道，卻被蜩與學鳩譏笑的故事之後，又再把這段寓言扼要複述了一遍，只有把譏笑大鵬的小鳥改為斥鴳而已。然後就下了一個結論說：「此小大之辯（即辨、分的意思）也」。在這裏，所謂小，就是指局限於形軀謀生層次的一般人（以小鳥為喻），大就是指了解在衣食之上，還有無限的精神領域的修道者（以大鵬為喻）。但一般人跟修道者真有截然的差別嗎？其實從小鳥會忍不住譏笑大鵬，就透露出一個端倪：一般人心中也是有和得道之士一樣的理想嚮往的，因為這就是普遍的人性啊！差別就在一般人貪戀世俗，不肯吃苦用功以自我超拔罷了！但午夜夢回，捫心自問，難道不會愧對良心嗎？為了擺平這點內心深處的不安，一般人遂只好不斷誇耀他的俗世安穩，而對修道者的辛苦用功譏諷之為傻、為笨、為鑽牛角尖、為死心眼了！但就在這裏反而證實了他內心的空虛與懊悔、矛盾與徬徨！

真的，充實自信的人反而謙虛，不斷吹噓誇大的人其實自卑、對自己極度不滿。因為他緊靠著那可憐的唯一現實條件（例如名、利、權、位、美貌、青春……），反而失落了精神上的無限境界！

莊子於是從寓言世界回到真實人間，說那些只擁有某項專技的人（例如靠美嗓的歌者、靠健腿的跑者）、服務能力只罩得住一鄉一鎮的人（例如地方型政客）、才能風格只能被與他個性相投的老闆欣賞，因此換了老闆到了異國就完全吃不開的人（例如時勢造英雄），他們看待自己也不免和小鳥一樣有著內心深處的自卑與不安罷！

那麼，與俗世之人相對的修道之士是不是就沒有問題了呢？那可不見得，他們反而有可能染上比世俗人更深微的心靈病痛，那就是：他們雖不自卑卻不免高傲，雖不炫耀他的世俗條件，卻由衷看不起世俗的一切。他們太相信自己了，卻反而失落了世界！

莊子舉了宋榮子與列子為例，他們對於人生真理的了解與修行已可說世間少有了（未數數然也），他們完全明白價值根源在內心的自覺而不靠外在的任何條件，所以對世間的毀譽可以完全不動心。他們的人格可說是充分獨立自主的，所以能過著完全自由自在的生活（以御風而行為喻），但莊子卻說他們達到的境界仍然是不夠的。他們當然比世俗一般人高明多了，但人格仍不算真正獨立（猶有未樹），仍不算真正自由（猶有所待）。他們到底還缺了什麼呢？後文再作分解罷！

即上即下才是無待人生

……若夫乘天地之正，而御六氣之辯，以遊無窮者，彼且惡乎待哉！故曰：至人無己，神人無功，聖人無名。

——〈逍遙遊〉第一段

莊子在區分出世俗中人和高蹈的修道者之後，雖似乎先肯定修道者的意境比較高明（小不及大），但緊接著就點出若修道者因此瞧不起世俗人，那麼他的境界也只不過是相對地比較高，所謂「五十步笑百步」罷了！依然不是真實的、絕對的高明。即因他猶有所待，雖然所待的條件與世俗相比似乎高一級（世人待有，他待無），但其為有待則一。

那麼怎樣才是真正的無待呢？在這裏遂顯出一種詭譎辯證的思路來，此即：你須從一飛沖天的極高明處回到俗世，接納俗世，能和世人一樣過著世俗的生活才是。但這時他已和修道前的世俗生活有了根本的不同，就是他完全不會以他在世俗中所有的任何條件來自我誇耀，而只是平實、真誠地過活。為什麼？因為他心中自有真正的價值感或無條件的自信，所以不再需要世俗的條件來支撐了！而且正因他所有的價值感或自信是無條件亦即無須和他人相比較而是自得其樂的，所以他不會譏笑世俗人，不會自別於世俗人，他既是和世俗人打成一片的，但又沒有世俗人的自卑或自大。如此即下即上，下學上達，當下即是，才是自在圓融的無待人生呵！

正如禪宗青原惟信禪師的名句：「三十年前見山是山，見水是水；及至後來，見山不是山，見水不是水；而今依然見山祇是山，見水祇是水。」第一重是待有，第二重是待無，第三重才是無所待。

這即下即上的表示，用莊子的話來說，就是「乘天地之正，御六氣之辨。」所謂天地之正，就是指當下，乘天地之正，就是即當下的此一有限經驗而體悟無限的道。但當下的情境與經驗是不斷在變化的（六氣之辨，辨通變），所以我們的心也當隨順情境之變而改成每一當下有別於前一剎那的新經驗去再次體悟道的存在。於是道便與物時時都相即為一而全無扞格了！這才是生命永恆地活著的辦法啊（以遊無窮）！

而這樣的詭譎辯證思路，最後便凝結為「至人無己」這句結論式的話語。這句話中的「無己」可以有兩種解法。其一是「己而無己相」（真我是指永恆的道，它是無形相可言的），其二是「己而超越了己」（真我雖有形軀，它卻不止是形軀，而更有超越有限形軀的永恆性）。兩種解法雖形貌不一，但義理卻無差別，都是以一種詭譎辯證的思路來表示真我的存在。

下兩句「神人無功，聖人無名」，不但解法無別，甚至語意也和「至人無己」一樣，只是改換一些字眼而已。有人刻意區分至人、神人、聖人，認為有境界層層升進的涵意。我不認為如此，一方面道家精神主簡要，不應如此複雜，一方面藉變換字眼來構成排比句，以顯行文之美，是中文特色，實在不必強作解人。

何不請上帝來當我們總統？

堯讓天下於許由，曰：「日月出矣，而爝火不息，其於光也，不亦難乎！時雨降矣，而猶浸灌，其於澤也，不亦勞乎！夫子立而天下治，而我猶尸之，吾自視缺然，請致天下。」許由曰：「子治天下，天下既已治也。而我猶代子，吾將為名乎？名者，實之賓也。吾將為賓乎？鷦鷯巢於深林，不過一枝；偃鼠飲河，不過滿腹。歸休乎君，予無所用天下為！庖人雖不治庖，尸祝不越樽俎而代之矣！」

——〈逍遙遊〉第二段

從〈逍遙遊〉第一段的鯤鵬寓言，莊子先區分出形上界的道（大鵬）和現象界的物（小鳥）兩層，然後再通過一種辯證思維說道與物其實是詭譎地相即為一，這才是實存的道。換言之，人就形軀而言，都是有限的小鳥；但就寄寓於形軀中的生命精神而言，則人人都是無限的大鵬。當然，在這裏由大鵬所象徵的精神（道）才是真我，形軀則是假我（物），真我才是永恆的實質，假我只是暫時的虛名。由真我領屬假我，精神貫注於形軀，才是圓融統整的實存之我；反之就是身心矛盾破裂的受傷生命之我了！

所以，釐清心與身的實與名、本與末、主與從的關係，便是修養上的重要課題了！於是莊子接著便通過堯讓天下於許由這個寓言，來釐清名實的兩種關係。

堯想將天子之位讓給許由來做。他所持的理由是：許由的光亮就像太陽，他則只是蠟燭；許由的灌溉能力就像及時雨，而他則只像水車。許由什麼事都不用做，天下就太平了！而他占著天子之位，再努力都還差很遠。那當然是請許由來作天子才最好啦！

但許由卻用一番道理反駁了堯，他認為在世俗（物）層次和在真理（道）層次的法則是不同的，應該各歸各，不可混淆。就世俗法則而言，事實上是堯在操作這政治機器，也確實呈現了維持群體秩序的效能，所以堯當天子是名實相符的。而我許由沒有當過一天公務員，也沒有遵循任何行政升遷任職的程序，忽然空降式地來取代堯當天子，這豈不只是個毫無實質的虛名嗎？這只會破壞體制倫理罷了！這又怎麼會合理呢？

但許由也了解，堯想找他來當天子，是看中他身上有道（或說：許由就代表了道）。但這其實是一種層次的混淆，就像起意請全知全能的上帝來當我們總統一樣荒謬。乃因道雖然是萬物之本（在此道是實，某某物則是名），但道本身純是精神，不是一物或一個角色，是無法以角色的身分來參與人間的。祂要參與人間，仍當寄寓在某一個人物的身上，然後藉此人物的角色身分去參與。但這就得遵循人間的法則去各安其位了！就此而言，我許由的人間身分只是個隱士，就老實做個隱士罷！（在此許由這個體是實，隱士是名），我既不是公務員，又怎能當天子呢？你堯才配當天子呀！至於道，何止在我許由身上有？你堯自家身上也有呀！反求諸己就行了！何須找我呢？當然，你放著該做的天子不做（就如庖人不治庖），是你家的事，我這個隱士可是不會去替你做的（尸祝不越樽俎而代之）！

體認我身有道是為人第一要務

肩吾問於連叔曰：「吾聞言於接輿，大而無當，往而不返。吾驚怖其言，猶河漢而無極也，大有逕庭，不近人情焉。」連叔曰：「其言謂何哉？」連叔曰：「藐姑射之山，有神人居焉，肌膚若冰雪，淖約若處子。不食五穀，吸風飲露。乘雲氣，御飛龍，而遊乎四海之外。其神凝，使物不疵癘而年穀熟。吾以是狂而不信也。」連叔曰：「然，瞽者無以與乎文章之觀，聾者無以與乎鐘鼓之聲。豈唯形骸有聾盲哉？夫知亦有之。是其言也，猶時女也。之人也，之德也，將旁礴萬物以為一世蘄乎亂，孰弊弊焉以天下為事？之人也，物莫之傷，大浸稽天而不溺，大旱金石流、土山焦而不熱。是其塵垢粃糠，將猶陶鑄堯、舜者也，孰肯以物為事？」

——〈逍遙遊〉第三段

莊子觀照生命，馳騁哲思，首先便在從實存的人生中將永恆普遍的道，也就是人之所以為人、生命所以為生命的絕對本質抽離出來，好提醒人、幫助人認真體認，以免流失。

但這個道或說生命本質，卻是無形無狀、無聲無臭的存在，因為它不存在於可見可聞的現象界，只存在於玄奧的形上界或抽象的理念界。那麼我們要怎樣去表示它、討論它呢？

一般來說，道的表示法可以有兩種，其一是規定一個抽象概念，例如「道」。其二是使用文學性的象徵，也就是借用現象界中某一個可見可聞的象，來表徵那位於形上界不可見不可聞的道。當然，既然是借用，就不能太如實，總是加以虛化，才能暗示讀者別真以為我說的是實質的某物啊！應該順著那虛化的方向，把可見可聞的形跡都化掉了，才能約略領悟我要藉此指點的道到底是什麼。

在〈逍遙遊〉中，莊子便塑造了一個如夢似幻的仙女，擬人化地指點了道。這仙女住在藐姑射這個神山之上，（即暗示她並非人間的存在）肌膚就像冰雪一般透明（即暗示她其實並無肌膚形體），身段就像少女一般輕盈（即暗示她其實並無身段形跡），她不吃一般人吃的食物，只呼吸空氣啜飲甘露（即暗示她其實無須飲食）。她也不像一般人行走在地上，而是騰雲駕霧，來往於無何有之鄉（即暗示她其實並無任何行動）。

說了半天，原來這所謂仙女，根本就只是一點生命凝聚的精神（其神凝）。這精神在生命體中具有如何的地位與功能呢？並不是瑣瑣碎碎的飲食行動（那是形軀的地位功能），而是作形軀行動之本，維持生命始終成其為生命而不生病、不變質，能順利成長的根本要素（使物不疵癘而年穀熟）。

莊子為什麼要提煉出這一點生命本質來呢？就因人常在生活中不知不覺錯認有限的形軀為我，遂不免迷失真心，而為形軀的日漸銷亡所驚嚇了！所以才要提醒人勿忘此心才是真我。

這一段寓言的提出，原是肩吾跟連叔說有人提到這麼個仙女，於是連叔為他解釋這仙女其實就是指生命的根源，萬物之所本。她力能摶聚零散的萬物為統整的一體（旁礴萬物以為一世），以顯為條理秩序（蘄乎亂，亂是治理的意思）。她居於形上界，是永恆絕對的存在，所以不能用世俗的經驗與概念去衡量她，她是永遠不受傷也不會死亡的（之人也，物莫之傷，大浸稽天而不溺，大旱金石流土山焦而不熱）。她不從事世俗的瑣碎事物，卻連堯舜這樣偉大的人都要靠她才成其為堯舜（將猶陶鑄堯舜者也）。總之，道是生命，道是真我，體認我身上有道是為人最重要的第一步。

心理健康是事業成就的必要條件

宋人資章甫而適諸越，越人斷髮文身，無所用之。堯治天下之民，平海內之政，往見四子藐姑射之山，汾水之陽，窅然喪其天下焉。

——〈逍遙遊〉第四段

莊子的道，虛說是形上界的萬物之源，或擬人化為一位仙女，或懸空地說是一點凝聚的精神；但如果落實於人的生命來說，其實不過就是一種自由無累的心境。

要說無累，得先說累。人在生活上是被什麼所累的呢？我們經常聽到人抱怨壓力很大、負擔很沉重，請問壓力負擔是從何而來的呢？從外部看，好像是工作壓力、業績壓力、競爭壓力、時間壓力等。其實深一層想，全是心理壓力。否則何以同樣的處境，有人壓力大到得焦慮症，有人卻老神在在呢？原來全看人心怎麼想。如果你把這事看得很嚴重，也就是認同了它所代表的意義、價值或遊戲規則（如升遷代表成就、第一名代表榮譽⋯⋯），它當然就構成你沉重的壓力囉！反之，如果你看開點，視它們為身外物，那麼成敗得失也就不會那麼掛懷了！

其次，視它們為成就、榮譽，為什麼就會變成壓力呢？深一層想，構成壓力的並不是當下已發生的事實（已經升了官，得了獎），而是對不可知未來的強求，因而造成的懸疑；也就是未升遷前的焦慮、未得名前的緊張，或雖已升官卻擔心下台，雖已得第一卻怕下回被別人超越。換言之，壓力依然來自心理而非事實。

最後，不管你得到還是沒得到，壓力總與價值、榮譽相關。而價值、榮譽所以會造成壓力，全因我們誤把價值、榮譽的來源放在外物或外在條件之上，而這些全是我心所不能掌控、不能決定而操之在人的，遂造成人心的負擔與壓力。當然，上述的三點中，這才是核心根源。

所以，莊子對這種壓力病痛開出的藥方，便是要人把「向外追求價值」這種心態徹底放下，徹底回到自己身上，便能領悟到「生命在其自己」的自由自在、脫然無累。這雖然還不是儒家式以愛人為主的道德價值感，已經是最基本的生命存在的價值感了！也就是一種「以無價值（之負累）為價值」的價值感。

在這一則引文中，莊子先提到有一個宋國人帶了全套禮服（章）禮帽（甫）到南方去，沒想到熱帶的南方人為怕熱不留長髮，根本不需要帽子來束髮；也經常是光著身子，直接紋身，也不需要衣服來裝飾示禮。這是表示宋人的執著成法成見，不知變通，遂為此心理的執著所累。

其次，莊子再舉堯為例，這就不止涉及道家式的自由價值觀，也涉及儒家式的道德價值觀。堯勤政愛民，原是好事，卻付出了身心疲憊的代價。於是他到仙人的老家藐姑射山去拜訪四位仙人：許由、齧缺、王倪、被衣（其實就是心理醫師啦！）得到了「放下」這一帖妙方。果然回到家，雖然仍然勤於朝政，天下得失卻已不再放在心上，自然身心也不再倦怠了。可見要充分實現儒家的道德理想，道家的心理健康還是不可或缺的必要條件哩！

莊子的學問拿到百貨公司有什麼用？

惠子謂莊子曰：「魏王貽我大瓠之種，我樹之成而實五石，以盛水漿，其堅不能自舉也。剖之以為瓢，則瓠落無所容。非不呺然大也，吾為其無用而掊之。」莊子曰：「夫子固拙於用大矣。宋人有善為不龜手之藥者，世世以洴澼絖為事。客聞之，請買其方百金。聚族而謀曰：『我世世為洴澼絖，不過數金；今一朝而鬻技百金，請與之。』客得之，以說吳王。越有難，吳王使之將。冬與越人水戰，大敗越人，裂地而封之。能不龜手，一也；或以封，或不免於洴澼絖，則所用之異也。今子有五石之瓠，何不慮以為大樽而浮乎江湖，而憂其瓠落無所容，則夫子猶有蓬之心也夫！」

——〈逍遙遊〉第五段

我們前文曾提到一切心病無非是執著外物為我，因而凝為成見，不知變通，漸成負累。乃至當聽到足以救命的妙方之時，心也早被成見堵塞（有蓬之心）而聽不進去了！

在〈逍遙遊〉的最後兩段，莊子就很感慨世人總以世俗的有用為標準（有收益、有成就、有增加，卻不知負累病痛也增加），來評定、譏諷莊子之說為無用。

莊子於是藉惠施為世俗觀點的代表，使用比喻性的說辭來提出對莊子的質疑：魏王曾經送給我一些大葫蘆瓜的種子，我拿來種植，熟成乾硬的葫蘆瓜拿來做成大水壺，沒想到盛水之後，瓜壁根本不能承受滿水的內壓力而破裂了！改拿來剖成兩半作水瓢來舀水，卻找不到能容它去舀水的夠大水池。這葫蘆瓜並不是不大，但一點兒用都沒有，所以我把它給打碎扔了！

惠子正是用葫蘆瓜來暗示莊子的言論，雖然層次很高，包羅很廣，但落到日常生活上有什麼用呢？

莊子當然聽得懂他的話，於是順著惠子的比喻，也用比喻去回答。他先舉一個宋人的例子（又是宋人，宋人向來以拘泥迂拙著名）：「有一個宋國人發明了一種專治富貴手的靈藥，於是代代子孫都憑此利器以替人洗衣為業。有人聽說了這帖靈藥，願意出高價來買這個方子。這家人為此開了家族會議，覺得以超過家族年收入數十倍的高價出售，是個難得的好機會，就決議賣了。結果那買主就憑這一項祕密武器去遊說吳王，在一次冬天越國入侵的水上戰役中，大敗越國部隊，那人也因此封侯。」

莊子說：「同樣憑這一帖藥讓雙手在冬天常碰到水的情況下不致龜裂，但那家族的人只能世世幫人洗衣服，這買主卻功成名就，裂地封侯。請問二者差別在哪裏？不過是看你的心夠不夠開放靈活，善用各種事物罷了！所以說回到惠先生您的大葫蘆，我也不妨幫您作一點創造性思考：你何不考慮一下，就把它改造成一個大救生圈，把它綁在身上在江上湖中自在游泳？您惠先生怎麼會擔心它沒處用呢？這全是因為你的心老早被種種成見堵住罷了！」

藉著這比喻，莊子正是在申說這種探究人生根源的哲理，粗看沒用（若拘泥在衣食謀生），其實只要換個層面（從生理轉到心理），就會發現它真的是妙用無窮哩！

以前也曾有課堂上的學生質疑：老師的課是很有趣，但拿到百貨公司有什麼用？我回答說：莊子的學問的確不見得能幫你賺錢，但他卻能幫你如何不致被你所賺的錢害慘！依然能在濁世逍遙自在。這種用處還不夠珍貴嗎？

人要慢活才能快活

惠子謂莊子曰：「吾有大樹，人謂之樗。其大本擁腫而不中繩墨，其小枝卷曲而不中規矩，立之塗，匠者不顧。今子之言，大而無用，眾所同去也。」莊子曰：「子獨不見狸狌乎？卑身而伏，以候敖者；東西跳梁，不辟高下；中於機辟，死於罔罟。今夫斄牛，其大若垂天之雲。此能為大矣，而不能執鼠。今子有大樹，患其無用，何不樹之於無何有之鄉，廣莫之野，彷徨乎無為其側，逍遙乎寢臥其下。不夭斤斧，物無害者，無所可用，安所困苦哉！」

——〈逍遙遊〉第六段

最近看到一句不錯的話：「要慢活才能快活。」美國《華爾街日報》也曾在首頁報導了台北的慢活文化，肯定台北在亞洲的新興都市中，選擇了一條不以高樓大廈為尚，而以文化創意為美的不同道路。在更早一些，大陸廣東的《新周刊》更曾推出專輯，讚譽「台灣最美麗的風景是人」。我們試把以上三點串起來，台灣的人文之美，其實是植根於在崇尚功利、快速的新時代主流文化中，別有一種回歸生命、咀嚼生活、不慕榮利、自在悠閒的底蘊。而這種返樸歸真的底蘊，顯然是源於道家者更多於儒家。所以我長久以來都這麼認為：中華文化之有道家，其實是比有儒家更為珍貴。因為儒家式的向外推擴以實現人文理想，是與所有其他文化同向的；反而是道家向生命之源回歸的思路，是其他文化所無而中華文化所獨有。儒家也正因有道家之助才不致陷於其他文化一味外向的險境而能維持中庸與平衡的啊！

現在回到「慢活」這個核心主題。原來人文之美根源在人生態度的調整，也就是須將向外、求快的追逐功名心態扭轉為以回歸真我、品味生活為本的人生觀才行。《莊子・逍遙遊》的最後兩段，正是在點出這一心態的轉換。

莊子還是藉惠施的質疑來回應：有一天惠子又跟莊子說：「我有一棵大樹，我也不知道叫什麼名字，聽別人說是管它叫『樗』。這棵樹怪極了：樹根像長瘤一般臃腫醜陋，完全不能用尺來量；樹枝則扭來扭去可也並不曲線圓潤優美。樹立在大路邊，但經過的伐木人卻正眼都不瞧它一眼。我看你的言論也和這棵樗樹一樣，儘管境界高遠，卻對現實生活一點兒用都沒有，這種言論恐怕不免被世人拋棄的下場罷！」

莊子卻也用了一個比喻來回答：「你應該也見過狐狸、黃鼠狼這種中型動物罷！牠們每天埋伏在草叢路邊，等候捕獵經過的小動物，辛苦地東西奔波，上下跳躍，以謀一飽，但自己卻也冒著被獵人捕殺的危險。至於那神獸犛牛，體型大如天邊的烏雲，可算壯觀了，但你若要牠去捕獵老鼠，牠反不如黃鼠狼。這正是小有小之用，大有大之用啊！就如你有的這棵大樹，當然不適合做棟梁櫥櫃，但何不拿來種在超越俗世的夢幻國土，你就每天在樹的四周悠閒散步，累了就酣睡在樹下，這不也是它的美妙用途嗎？」

其實人也該像這樗樹一樣，正因對世俗無用，所以也不必被世人壓榨。當我們從競爭激烈的戰場退下，也許反而會發現一個無憂無慮，自在逍遙的人生！

卷二　養生主

無窮外逐的人生歧路

吾生也有涯，而知也無涯。以有涯隨無涯，殆已；已而為知者，殆而已矣。為善無近名，為惡無近刑，緣督以為經。可以保身，可以全生，可以養親，可以盡年。

——〈養生主〉第一段

〈逍遙遊〉表達的是莊子逍遙自在的生命理想。但這理想境界要怎樣才能實現呢？卻必須通過認真的修養才行。而所謂認真修養而不是胡修亂養，首先就是要掌握正確的修養方向與原理。〈養生主〉正是專負責提示生命修養的原理原則的一篇文章。這主題從篇名就可以看出來了：所謂「養生主」，不就是「修養生命的原理原則」的意思嗎？

這修養原則其實在〈養生主〉的第一段就已簡要地表示出來了！但也許正因為太簡要、太重要，所以被後人大量傳誦，卻也導致許多以訛傳訛的誤解。我們下面就且一句一句來加以檢視。

第一句「生也有涯，知也無涯，以有涯隨無涯，殆已。」首先就很容易誤以為莊子反知。（生命苦短，而知識無限，怎麼求都求不完，反而是人生就在這外逐中完蛋了！）其實知識是不能反也不必反的。莊子這句話的意思不是要否定知識，而是要釐清生命與知識的本末主從關係，應該以生命為本為主才是。不過他表達的方式，卻是姑且順著世人以知識為本為主的謬見，去加以推論，遂推論出生命將在無窮外求之中（廣義之知包括名利權位等等外求的標的）迷失陷落。這樣危殆的結果當然是我們所不要的，那麼該怎樣扭轉這危局呢？答案當然就是反其道而行，不以種種外在條件為人生價值所寄（以知識為無限），而改以生命自身為價值之源（以生命為永恆），於是，以獨立自足的生命去隨緣善用當下所遇的事物，則生命的風采只會因機呈現，又怎麼會迷執陷落於事物之中呢？

所以，依莊子的正理，這句話其實應該改說為：「吾生也無涯，而知也有涯，以無涯用有涯，安矣！」才對。翻譯成白話就是：生命本就是獨立自足，自由無限的；當然他須要憑藉一些事緣來呈現，但它所須要暫借的也不過就是眼前當下的一點點機緣罷了！粗茶淡飯也同樣逍遙自在呀！如果我們懂得這點憑眼前有限的事物機緣，就足以顯無窮的生命風光的道理，那人生還有什麼不安穩的呢？

真的，很多人奮鬥打拚，辛苦一生，到頭來功名利祿、美貌身裁，畢竟還是一場空。原因無他，不過就是把這些一意追求的標的看得太偉大，偉大到不惜以身殉罷了！但那些身外物真有那麼重要嗎？（知也無涯？）重要到讓人心勞力絀，恨不得有三頭六臂、每天四十八小時去拚鬥？（生也有涯？）其實這完全是本末顛倒，既過度看重了功名事業，也就相對地過度看輕了生命自我，才不免到頭來悔恨一場。但人生更深的悲劇，卻在即使人終於了悟了這道理，他外求人生價值的習氣早已積重難返，欲改無由了！所以莊子接著才以「已而為知者，殆而已矣！」（明知此路無望，還忍不住去追求，這人生就更危險了！）來深致其悲嘆！

放下一切意識型態的惡鬥吧！

……吾生也有涯，而知也無涯。以有涯隨無涯，殆已；已而為知者，殆而已矣。為善無近名，為惡無近刑，緣督以為經。可以保身，可以全生，可以養親，可以盡年。

——〈養生主〉第一段

對〈養生主〉這最重要的第一段，我們在上一次已疏解了它的第一句，釐清了生與知的本末關係（以知識為無限永恆之本是一歧途假相；扭轉俗見，以生命為本以活用知識才是人生正途）。現在再接著疏解第二句：「為善無近名，為惡無近刑。」

這一句也同樣容易引發讀者的誤解，誤以為莊子否定道德，因為照原句望文生義，似乎是這樣的意思：「好事可以做，但要小心別做過頭，免得善門難開，反給自己惹來名聲的壓力和麻煩。壞事也未嘗不可以做，但要小心別踩到紅線，惹來公權力的追捕。」這不分明是反道德的滑頭嗎？

但如同知識不能反，道德也是不能反也不必反的。其實莊子反對的只是教條化的假道德，而非出於良知真心的真道德。所謂教條化的假道德，其實就來自擅執本質中性的知識之一端為善，而排斥另一端視之為惡。例如擅自認定富貴是好的，貧賤不好。其實就人品言，有錢的貪官遠不如沒錢的菜販陳樹菊。追逐富貴而遺忘人品高潔、生命自由，根本就是人生歧途。所以，在莊子書中（老子也一樣），凡提到善、惡，都不是指真道德，都只是指知識的兩端。而老莊言論的義旨，則無非是要人對這兩端習焉不察的道德誤認有所警覺，加以撤消，好把這兩端還原為中性的知識，也把為名利所束縛的人生，還原為逍遙自在罷了！

當然，這個句子會引人誤解，它的造句恐怕也要負一點責任。所以，要避免誤讀，不妨把這個句子視為倒裝句，而原來的語序應該是：「無為善，近名；無為惡，近刑。」（不要去追逐主流認定的正向價值如富貴、第一名等等，因為這樣你就會被主流價值所綁架而迷失自我；也不要因反彈而偏去靠攏反社會主流的陣營，因為叛逆的結果也會惹來主流勢力的鎮壓而同樣失去自由的人生。）原來在此所謂的善惡，都不是真正的價值判斷，而只是在主流勢力與非主流勢力間作選擇性的認同罷了！而不管你選擇哪一邊，白道還是黑道，其本質之為「認同一邊而排斥另一邊」是一樣的，結果只是看哪一邊的勢力更大以致勝者為王罷了！正由於其本質都是喻於利，都是爭勝求贏，所以不管你選了哪一邊，都一定會盡力壯大自己這一邊的勢力（吹噓自己這一邊的好，遊說別人來加入……），打擊、削弱對方的勢力（批評、謾罵、栽贓、幸災樂禍……）。這種你死我活的鬥爭技倆，小至學生間的課業競爭，大至商業與政黨間的惡鬥，都真是看得太多了！就更不用說國家、民族、宗教間的仇恨了！莊子正是看透了這一點執著意識型態的災難，才呼籲人們兩端都放下，好回歸自然清靜的生命本相罷！

不如尊重內心的真情實感

……吾生也有涯，而知也無涯。以有涯隨無涯，殆已；已而為知者，殆而已矣。為善無近名，為惡無近刑，緣督以為經。可以保身，可以全生，可以養親，可以盡年。

——〈養生主〉第一段

詳細討論過前兩句，說明莊子既不是反知識，也不是反道德之後，我們才能來釐定本段中最重要的第三句「緣督以為經」的涵義。

「緣督以為經」，簡單翻譯為白話，就是「以中為常道」的意思。因為「經」就是「常」，「督」則是中樞神經任、督二脈的督脈，遂借用為中的意思。

原來前兩句是先為「依中道而行」做好鋪路的工作，就是勸世人不要把人生價值寄託在任何外在條件（知）之上，因為心勞力絀，而且不管是執著知的正端（善）或反端（惡），結果都是災難。那麼真的人生價值，亦即恆常之道，到底在哪兒呢？就在內在的人心，此即稱為「中」。「中」可以直指內在的心靈本身，也可以指由心所發出的準確判斷；前者即哲學上所謂「體」，後者即所謂「用」。

其實不止道家，包括儒家、佛家在內的中國哲學，都是把人生的價值根源定在內（心）而非外，如孟子即堅持「義內」之說。這可以說是東方、中國的文化哲學和西方最大的不同所在。西方文化的價值根源是定在外在的上帝，包括上帝本身、上帝所頒布的律法，以及符合律法的行為與事物等，不妨即稱為客觀價值，相對的我們中國文化則不妨稱為主觀價值。亦即：不依客觀評定的事物言行形態來決定好壞，而是依清明的心對生命當下所處的實存情境作出恰當的綜合評估來決定好壞。前者的優點在明確穩定，缺點在不免拘泥執著；後者的優點在能熨貼獨一無二的具體情境，缺點在不免獨斷反陷於任性邪妄。

好，綜論完儒、道、佛三家共同的義內型態，那三家都主張的中道又有什麼差別呢？簡單說：佛家的中道（如所謂八不中道：不生不滅、不來不去、不一不異、不常不斷）是消極地說真理（中道）不在左邊也不在右邊，不在形下也不在形上。也就是重心在排除假價值好讓真價值（中道）自己浮現，即所謂「去假存真」、藉去假以存真而對何謂真不作積極肯定。

道家的中道當然也去假（毋為善也毋為惡），但已進一步對真有起碼的肯定了，就是肯定有一個恆常的真心，肯定真心的自由本質，而且肯定這自由的實現是靠著真心感應生命所處的實存世界，與之不將不迎、保持物我兩忘的和諧狀態而獲致。

至於儒家，則不但肯定真心與外界互不妨害，更進一步肯定真心的人文創造功能，以最積極的對價值作準確權衡來說中道。

所以三家的真心，可分別名為寂滅心（佛）、虛靜心（道）和道德心（儒），其中道也各有異同。

至於本段的最後一句，意思很簡單，就是「這才是真我、真生命」的意思。原來「保身」的「身」、「養親」的「親」都是自我的意思，「全生」的「生」當然是生命自我，「盡年」的「年」指年壽，也是生命的意思。

庖丁解牛的技術層次和藝術層次

庖丁為文惠君解牛，手之所觸，肩之所倚，足之所履，膝之所踦，砉然嚮然，奏刀騞然，莫不中音。合於桑林之舞，乃中經首之會。文惠君曰：「譆！善哉！技蓋至此乎？」庖丁釋刀對曰：「臣之所好者道也，進乎技矣。……」

——〈養生主〉第二段

莊子通過〈養生主〉第一段點出生命修養的總原則：「順生命感應的中道而行」之後，緊跟著第二段，便設計了一則最膾炙人口的庖丁解牛寓言，來解說何謂「順生命感應的中道而行？」

這一次著名的解說，是從一次華麗的解牛表演開始的：

有一次，庖丁（庖是職業類別，就是廚師，丁是名字，上古人常以職業別為姓，以天干的甲乙丙丁為名）應邀為魏國的梁惠王（因魏國建都於大梁，所以魏惠王也稱梁惠王）表演牛隻的分解。只見他不管是手的碰觸牛，肩膀的靠著牛，腳的踩著牛，膝頭的頂著牛，乃至動刀解牛，發出霍霍的聲音（砉音ㄏㄨㄛˋ、騞音ㄏㄨㄛˋ，都是刀割物的聲音，〈木蘭辭〉說「磨刀霍霍」，聲音也相近），無不暗合音樂的節奏，動作也富有舞蹈般的美感。簡直就像是在表演知名的樂舞，如商湯時代的〈桑林〉、帝堯時代的〈咸池〉一樣。

梁惠王看得目眩神馳，忍不住稱讚道：「哇！真是太了不起啦！怎麼有人的解牛技術會精采到這個地步呀！」庖丁聽梁惠王這麼說，就放下刀回話說：「我剛才表演的已經不止是技術，而是更進一步到了藝術的層次了。」

每次我讀到這一段，腦海裏總不免浮起李小龍的影子。李小龍對功夫類型影片的偉大貢獻，就正在於他把功夫動作舞蹈化，而且非常有表演的自覺。也可以說他把功夫影片由技術層次提升到藝術層次了！

不過，莊子通過庖丁解牛所表達的「技進於道」（由技術層次提升到藝術層次）的「道」或「藝術」，和一般所謂的藝術如音樂舞蹈等又有什麼不同呢？

其實，在庖丁解牛的這則寓言中，雖也提到了音樂舞蹈（桑林之舞、經首之會），卻只是用來象徵道，而並不就等於道。或者說：所謂音樂、舞蹈等等藝術，其實也有兩層，就是表相、知識、技術一層和內涵、美感、境界一層。在此提到的桑林之舞、經首之會，顯然是指由如此聲音動作所透顯出來的美感境界，而非指聲音動作本身。那麼同樣的，庖丁解牛也可以有這兩層，關於那解牛動作的內涵美感境界，梁惠王事實上是感受到的，但在他的意識層面卻沒有技術與美感（道）這兩重區分，所以在詮釋上發生錯置，誤將他的美感解釋為技術的精良，而引來庖丁的糾正。

其次，所謂道、美感又是指什麼呢？其實就是一種因泯除物我間的距離、隔閡、對立、矛盾、緊張、防衛而呈現的一體和諧之感或物我兩忘的境界。這才是藝術活動應帶給人的感動，也得能引動人的這種和諧美感才配稱為藝術。我們說庖丁解牛是由技術提升到藝術層次，所指的也正在於此。

放下習心，重證真心

……庖丁釋刀對曰：「臣之所好者道也，進乎技矣！始臣之解牛之時，所見無非牛者。三年之後，未嘗見全牛也。方今之時，臣以神遇而不以目視，官知止而神欲行。……」

——〈養生主〉第二段

庖丁解牛，為什麼能技進於道，竟呈現出藝術性的美感境界呢？或者說：人之養生，如何才能超越保養形軀，延長壽命的層次，提升到精神悅樂、生命自由的層次呢？這就需要有一工夫論的解答了！

這工夫論的解答可以分兩層面來說。其一是時空層面的漸進量變，其二是境界層面的躍升質變。當然兩者是相關的，合言之就是量變導致質變。

對於這由量變進到質變的經驗，庖丁說：「我剛開始入行解牛的時候，面對那要解的牛，簡直就是龐然大物堵在眼前。這樣過了三年，跟牛的距離慢慢拉近了！所見到的不是龐然的整隻牛，而是能觀察到牛的局部肌理。到現在，我已經完全看不見牛了！我只是感受到牠與我同在。所以，我可以閉上眼睛，停止一切感官的運作，而純靠著精神的感應，完全進入牛生命的內部，和牠融為一體，打成一片……」

首先討論時空層次的量變。庖丁為什麼開始所見的牛是龐然大物，三年後卻只見牛的局部肌理呢？在這一層，要義在於「專心」。雖同樣是使用肉眼，卻可因心志是否專一，注意力是否集中而所見便有精粗的不同。這一階段的工夫，可以名為訓練，而所改善的也僅在感官、技術的層面，即使提到專心，所謂心也實指大腦、情緒，而非心靈。

據說古代神箭手不但要練臂力，更要練眼力。在若干距離外懸一蒼蠅，初看只一小黑點，一段時日後主觀感覺卻似車輪般大，當然一射就中。他所練的眼力其實就是專注力，所謂氣定神閒，不慌忙不緊張，感官的效能自然能發揮到極致。現代的運動選手，因此也要練氣功，隨隊還有心理師適時作心理的安撫開導，其意也是在此。

不過，有限的感官，再練依然有限。莊子工夫論的要義，實在於完全放下感官層面的物我對立關係與外求心態，讓物我自然相融為一體。他只是用距離無限拉近來逼顯出一種無距離、無分別的混然一體境界。而這最後一步從無限小的距離到無距離，其實是一種跳躍；此即由「專心」而「無心」，由無掉（取消掉）感官之心（大腦）而呈現出真心。這就是所謂「不以目視而以神遇」、「官知止而神欲行」。

這到底是一種怎樣的境界呢？其實就是生命存在的本來狀態，一切嬰兒初臨人間原都是如此人我不分。是人在成長中學會種種分析性的概念，才平空增添了人我的隔閡與鬥爭。莊子的實義，無非是要我們放下這人為造作卻早已習焉不察的概念習氣，去重新體會生命自然實存的原始情境罷了！

心無掛礙，才能自由自在

「……依乎天理，批大郤，導大窾，因其固然，枝經肯綮之未嘗，而況大軱乎！良庖歲更刀，割也。族庖月更刀，折也。今臣之刀十九年矣，所解數千牛矣！而刀刃若新發於硎。彼節者有間，而刀刃者無厚；以無厚入有間，恢恢乎其於遊刃必有餘地矣！是以十九年而刀刃若新發於硎。雖然，每至於族，吾見其難為，怵然為戒，視為止，行為遲。動刀甚微，謋然已解，如土委地。提刀而立，為之四顧，為之躊躇滿志，善刀而藏之。」文惠君曰：「善哉！吾聞庖丁之言，得養生焉！」

——〈養生主〉第二段

當庖丁說明他解牛是技進於道，也就是由感官的專注提升為心靈、生命當下與所遇的外物（例如牛）相融為一體之後，遂繼續說明他這時的解牛動作，乃是「完全順著自然的感應，讓刀遊走在牛體的空隙之中，就把牛體本來可分解的部分一一分解了！刀甚至連筋肉相連的部分都根本沒碰，就更不用說盤根錯節的部分了！通常一個優秀的廚師都不免每年要換一把廚刀，因為他解牛基本是用切割的刀法。至於一般廚師呢？是每個月都要換一把廚刀，則是因為他們解牛大多是用砍的、斬的，刀刃哪能不快速折損呢？而我的這把刀已經使用十九年了，解過的牛也有好幾千頭了，但刀刃卻鋒利得像是剛出廠剛保養過一樣。為什麼呢？就因牛體的關節本來就有空隙，而我這把刀卻是薄得幾乎沒有厚度。用一把沒有厚度的薄刀去遊走在本來就有空隙的牛體中，當然是非常從容無礙的啦！這就是我的刀為什麼用了十九年還鋒利如新的原因所在。」

說到這裏，一個疑點也是要點出現了：世上怎麼會有一把薄到沒有厚度的刀呢？原來這正是庖丁解牛這個寓言最重要的喻意所在。原來牛體是比喻我們所處的這個人間世，牛體有間是說我們生活在人間本來到處可通，沒有障礙。但關鍵在刀刃須是無厚，原來刀刃是比喻人心，無厚是說人心中不存任何成見。原來到處有餘地可供我們自由通行的世間，所以會變得障礙處處，荊棘滿途，根本就是由於我們心中有種種習慣、成見、意識型態的堵塞、遮蔽所致。所謂「只看到別人眼中有刺，卻看不見自己眼中有梁木。」人間的紛爭，小至於夫妻反目、朋友結怨，大至於國家、民族、宗教間的戰爭，乃至冷戰時代以美蘇為首的資本主義、共產主義兩大集團的長期對立，本質都一樣無別。所以，要消弭鬥爭、疏通隔閡、導向和平，也該從每一個人自己做起，乃因本質一樣嘛！怎麼做呢？就是嘗試放下一切仇怨，療癒一切內心的創傷。當生命健康了，心靈就自由了，同情悲憫心就起來了，原來看不順眼的事也就奇妙地變得順眼了，而人際關係也就自然好轉了！

當然，這放下的工夫不是一蹴可成的，即使一度達到自由無累的境界，未來的考驗依然隨時會出現。所以長保警惕是必要的，不妨仍用解牛為喻，庖丁說：「雖然我解牛的工夫已經達到行雲流水的地步，但每遇到筋骨糾結的地方，我仍會意識到它的難處，而心存警惕，再一次放下對感官形體的習慣性依賴，而訴諸心靈的敏銳感應。讓刀找到該落刀的關鍵點，輕輕一挑，牛體就整個解開，像一堆土一樣垮在地上。當我再一度成功解牛，會提刀站起，游目四顧，快然自足，最後才將刀擦乾淨，收回刀鞘之中。」惠文王聽了這一席話，忍不住讚嘆說：「今天真是一次難得的饗宴呀！我聽庖丁談論解牛，卻意外領悟了生命修養的道理！」

人生幸福全掌握在自己手上

公文軒見右師而驚曰：「是何人也？惡乎介也？天與？其人與！」曰：「天也，非人也，天之生是使獨也，人之貌有與也。以是知其天也，非人也。」——〈養生主〉第三段

從上一段庖丁解牛的隱喻，莊子點出人在世間所以會煩惱不自由，主因不在環境惡劣而在自己心中堵塞著種種成見。所以解題的關鍵也就不在外求，尤其不須怨天尤人，而在反求諸己。這當然不是說外在環境的改善不重要，而是你得先放下自己的主觀成見，療癒內在的心理創傷，才有能力、有資格去參與外在環境的改善。否則你也不過藉為民服務之名，行自私掠奪之實罷了！

好！莊子剛說完這個道理，立刻在下一段提出一項測試，看人對事物的論斷到底是出於正見還是成見。莊子在這裏也是用一個寓言來表示：

公文軒有一天遇見一位斷了腿的樂師，不免嚇了一跳，遂自言自語地說：「他為什麼只有一條腿呢？像他這樣的人該怎麼認定？他還能算是個健全的人嗎？還是該算殘廢呢？」他考慮了一下，終於想清楚了，又自言自語說：「他仍然有可能是健康自然的人，而不是自傷其身的人。因為他失去一條腿，也可能不是他自己的錯，而是環境造成的意外。而我初見他時所以會被嚇到，則純是因為我被一般人都有兩條腿的成見所制約，以致看到一個只有一條腿的人的時候，因意外

而受驚了！經過這一番分析，我可以肯定地說：即使他只有一條腿，我們也不能據此推論他是自作孽，他仍然可能是一個健全而自在的真人。」

在公文軒這一段自言自語的話中，最重要的就是「天」、「人」這一對概念。在莊子乃至道家的價值評判系統中，「天」是正向的評價，意思就是自然、無為，以及由此而導致的生命的健康情狀，包括完整、自由、悅樂。「人」則是負向的評價，意思就是有為造作，以及由此而導致的受傷生病情狀，包括缺憾感、束縛感、壓力負累感等等。當然，這全是人自找的，全是人自以為是，誤入歧途所致。而錯誤所在，則無非是以為價值根源在外，而汲汲外求，不知這樣做不但是一場空，且反將造成自己的挫折煩惱、患得患失，亦即反而自傷其身。這一點價值觀的顛倒，可說就是人所有成見中最核心最關鍵的一項。

當然，除此之外，人還有許許多多成見。而所有成見的共同特質，就是誤把由客觀經驗統計歸納所得的「常模」，以為就是價值上的真理。例如據統計：念建中、北一女的人事業成功的機率最高，就以為考上北一女建中就是成功的保證。卻不知成功與否，主因仍在每個人自己是否有心靈自覺、是否有主見、有創意、有毅力、有恆心……，名校的畢業生也儘有失敗者呀！就更不用說事業的成功並不等於生命的健全與心靈的悅樂了！前者還跟統計有一點關係，後者則全取決於自己。所以，即使一個人外觀上沒名沒利沒權沒勢，乃至斷腿瞎眼，形貌醜陋，你也不能就以為他是個不幸福不快樂的人呢！人須有此自覺，才能肯定人生幸福其實百分之百掌握在自己手上！

道理要能活用才不白讀

老聃死，秦失弔之，三號而出。弟子曰：「非夫子之友邪？」曰：「然。」「然則弔焉若此，可乎？」曰：「然。始也吾以為其人也，而今非也。向吾入而弔焉，有老者哭之，如哭其子；少者哭之，如哭其母。彼其所以會之，必有不蘄言而言，不蘄哭而哭者。是遁天倍情，忘其所受，古者謂之遁天之刑。適來，夫子時也；適去，夫子順也。安時而處順，哀樂不能入也，古者謂是帝之縣解。」

——〈養生主〉第四段

莊子所領悟的這一種使生命無罣礙、不受傷的逍遙之道，其實全由生活體驗而來；靠的也全是一顆純淨明覺的真心，而不是什麼高妙的理論。所以莊子表述這番道理，常是藉著寓言、故事，讓讀者自行領悟。這樣有一個好處，就是懂不懂全看讀者是否真想要懂。如果真想，就自然會有感覺；如果時機未到，聽莊子的話就會摸不著頭腦。

但一般人的習慣，總喜歡把道理概念化、知識化、理論化，以為比較容易把握。卻不知反而會造成誤解、錯覺。自以為懂，其實只是頭腦對概念的理解，在生活上很可能全無體會，所以遇到打擊，依然手忙腳亂，情緒動盪，平常琅琅上口的道理，一點兒都派不上用場。

不止一般人，連道家哲學的開山祖老子，在莊子看來也有太依賴理論的毛病。於是莊子造了一個寓言，把老子譏諷了一番：

老子死了，秦失（其實就是莊子的代言人）去靈堂弔祭，竟然只乾哭三聲就出來了。守在靈堂門口的老子的學生忍不住質問秦失：「你不是我們老師的朋友嗎？」秦失說：「是呀！」學生說：「既然身為朋友，前來弔祭竟表現得如此無理，難道是對的嗎？」秦失說：「當然是對的呀！我為什麼會有如此表現，乃是因為我原以為你們老師名聞天下，應該是一個有道的真人。但來到現場，才發現他名不副實。何以見得呢？就因我剛才來到靈堂，看到許多少年人哭得像死去媽媽一樣，許多老年人也哭得像死了兒子一樣。為什麼會這樣呢？一定是他們跟隨老師久了，跟老師的生命人格有了自然的感應，所以老師死了，才會忍不住哭得這麼傷心。但這跟你們老師平時講的道理卻是完全違背的呀！你們老師不是教你們說萬有都是從無來的嗎？你們卻對生命這麼留戀不捨，完全忘了生命的根源本質是什麼。既然學道不真切，哭得這麼傷心也真是活該啊！這也反證你們老師雖然道理說得不錯，但自己也沒能做到，才會給學生如此感應的啊！其實你們老師偶然來到人間，也偶然回歸大化，這完全是自然的事。你們如果真體會到這生命的本質，就能安然接受生命的變化，而不會留戀不捨，以至於動這麼大的情緒了。學道要真能應用到生活上，去解除生命存在的種種倒懸之苦，這才是學道的意義所在啊！」

有限還給有限，無限還給無限

指窮於為薪，火傳也，不知其盡也。

——〈養生主〉第五段

這一句引文，是〈養生主〉篇的最後一句話，一般都附在前一段（老聃死……）的結尾處。但我覺得這一句話有總結〈養生主〉篇全文的意味，所以主張另立一段，好讓全篇有一個正式的結語。

原來〈養生主〉全篇的主旨，無非就是釐清辨明人該養的生，是精神心靈層面的生，而不是物質形軀的生。從第一段點出主題：別執著外在的知或善惡，要回歸內在的中或「督」。到第二段藉庖丁解牛的寓言，點出內在心靈的自由本質。再用以下三段，釐清天人真偽的疑惑。可說都是在扣緊心與身的本質差異去討論。

那麼，心與身的本質差異何在呢？簡言之就是心本質屬無限性，亦即具有自由、永恆、不朽、圓滿等屬性，而總稱為無限性。身則本質屬有限性，亦即具有局限、暫時、變化、殘缺等屬性，而總稱為有限性。

釐定心、身的本質屬性之後，我們進一步要釐清的是人為什麼想要養生？或說人養生的目的到底是什麼？簡言之就是希望自己能自由、永恆、不朽。不管人能否如此明白說出，體察人們的心意，真的無非如此。

但怎樣才能充分實現人的這一種普遍想望呢？人們卻經常誤從形軀的需要、外物的追求等本質有限的事物上去強求無限，例如求錢求權（以為有錢有權就會有更多自由，乃至以瘋狂賺錢抓權來填心靈空虛的無底洞），求長壽（再加意養生最後仍不免一死，而且知道仍不免之時所受打擊更大）等等。這正是〈養生主〉所謂「以有涯隨無涯，殆已！」

但人為什麼會發生這種誤從有限處強求無限的錯誤呢？原因就在身、心的關係太密切了！心的本質雖屬無限，卻也無聲無臭，無法自我呈現，而必須寄託於形軀才能存在。同樣，形軀雖因可聞可睹，易於被人所感知，但卻因本質有限之故，必須依附心靈，才能接上無限，具有存在的價值。我們簡直可以說，身與心或物質與精神，兩者是相反相成，互相成全的。精神（或心）是物質（或身）的價值根源，物質（或身）卻是精神（或心）的存在基礎，兩者其實是缺一不可的呢！

不過，若單就人之為人主要在要求存在價值的創造、無限性的實現而言，心靈的自覺尤屬主題。尤其心靈以無聲無臭故，更須自覺地去養，才能發揮他實現無限意義的功能，所以〈養生主〉論養生，畢竟以養心靈之生為主。

在這一句引文中，莊子就是用「火」比喻精神或心，「薪」比喻物質或身。火必須依附柴薪才能點亮，但柴薪是有限的，一根柴一會兒就燒完了！為了讓火能永恆點亮，人須得不斷去劈柴（指窮於為薪），但雖然一根根柴都燒完了（一個個有限的形軀終不免死亡），但精神生命卻也因此永恆存在且發光發熱，這不是相得益彰，有限無限各盡其能嗎？藉養身以養心，這才是養生的正途啊！

卷三　齊物論

〈齊物論〉教我們擺脫意識型態的束縛

在〈逍遙遊〉和〈養生主〉之後，我們開始要介紹《莊子》書中最重要、最有趣也最難懂的一篇，就是〈齊物論〉。

如果說〈逍遙遊〉是提出理想生命的自由境界，〈養生主〉是提出要實現這自由境界的修養原則。那麼從〈齊物論〉以下的幾篇，包括〈人間世〉、〈德充符〉、〈大宗師〉，便都是將這一貫的修養原則，落實應用到生活上，去消解生活中種種足以妨礙我們生命自由的迷障的討論。

好，那請問在生活中足以妨礙我們生命自由的迷障有哪些呢？若要一一列舉，當然可以有許許多多，但總而言之也可以說只有一種，就是語言。

當然，在這裏所謂語言是取廣義，包括文字語言、聲音語言、表情語言、肢體語言、影像語言、情境語言等等，只要是人用來表情達意的都算。

但語言為什麼會構成對生命真情的遮蔽、自由的妨礙呢？其實準確一點說，罪不在語言而在人對語言的執著。這時，從語言更可以延伸為概念、意識型態一共三層。語言指的是符號本身（聲音符號、文字符號、表情符號等等）。概念是指人賦予符號的認知意義，如「水」這符號代表那可以飲用的流動液體。至於意識型態，則是人賦予概念的價值認定，如認定富貴是好的，貧賤不好；臉蛋身材美是好的，醜不好等等。而所謂對語言的執著，就是指對語言概念所代表的本質中性的客觀事物，擅自認定其價值，以為好就是永遠好，壞就是永遠壞的意思。

原來一項事物是好是壞，完全要因人因時因地而有不同的判斷，哪裏有永恆不變的絕對性可言呢？例如對你好的事對我未必好，財富有時會帶來煩惱（聽說大樂透得獎者多半六年內財富歸零，但原來的平靜生活卻回不去了），權勢有時會帶來不幸（薄熙來不當大官也許不會坐牢，阿扁也是），美貌更容易帶來諸多困擾（光擔心變醜就夠讓人煩的了）！所謂「塞翁失馬，安知非福」，盲目認定什麼是好什麼是壞，而不知隨機應變，就叫做執著，這執著不知變通的意念乃至信仰，就叫意識型態，當人被種種意識型態牢牢束縛住，當然就沒有自由逍遙可言，而只有憂懼煩惱苦痛纏身了！

〈齊物論〉一整篇，就都在討論如何擺脫意識型態的束縛，而能自由無礙地活用語言、善用事物、善處人生。它可說是莊子語言哲學的展示，也是生命哲學方法論領域中最重要、最精采的一篇文章。它出入於生命（道）與語言（言）兩端之間，展示出活潑靈動的辯證思維，可說是機鋒迭出，妙趣橫生，令人嘆為觀止，百讀不厭。

但也正因活潑靈動，想要恰當掌握它行文的意旨也十分不容易，稍有過或者不及，便會掉進莊子的語言陷阱，陷於執著而不自知，或自以為懂而其實不懂。

好！我們從現在起就試著去解一解〈齊物論〉囉！

生命的真假兩重結構

南郭子綦隱机而坐，仰天而噓，荅焉似喪其耦。顏成子游立侍乎前，曰：「何居乎！形固可使如槁木，而心固可使如死灰乎？今之隱机者，非昔之隱机者也！」子綦曰：「偃！不亦善乎，而問之也！今者吾喪我，女知之乎？女聞人籟而未聞地籟，女聞地籟而未聞天籟夫！」

——〈齊物論〉第一段

〈齊物論〉一開始，就通過南郭子綦和顏成子游這一對師徒的一次相處，開宗明義地點出本篇的主題：釐清生命的兩重結構，即道與言、本質（性）與現象（相）、心靈與形軀、真我與假我。用〈齊物論〉的語言來說，就是吾（心靈真我）與我（形相假我），或天籟與人籟地籟。

這一次師徒相處的事件，當然可以視為莊子所設計的一則寓言，或南郭子綦設計來點醒顏成子游的一次表演（魔術表演？）我們不妨先把這事件用語體再說一遍：

有一天，南郭子綦手肘靠著矮几坐在蓆上休息，忽然仰天長長呼了一口氣，就陷入沉思之中，簡直就像靈魂出竅一般。他的學生顏成子游本來就一直站在老師身邊侍候，這會兒也警覺到老師的不尋常狀態，不免驚呼起來說：「唉呀！怎麼搞的呀！老師您怎麼身形枯槁、臉色灰敗呀！剛才還好端端地在休息，怎麼一下子就變成這個樣子呀！」這時老師悠悠地睜開眼睛望著學生，嘉許地說：「阿偃！你問得好極了！這表示你對生命的存在是有感的。剛才我正是針對你表演了一段心靈擺脫了形軀束縛而自在遠遊的戲碼。你明白什麼叫心靈放下形軀而自證其逍遙嗎？我想你一定不懂，但沒關係，我下面就試著借用音樂的道理來幫助你了解。你總聽過人用樂器演奏出來的音樂罷？但你聽過大自然的交響樂嗎？你也許也聽過，但你聽過老天爺的音樂嗎？那才是音樂的最高境界與本質所在啊！……」

在這段開場白中，最關鍵的句子當然就是「吾喪我」。這點出人的生命結構或自我結構和人以外的萬物都不同。人以外的所有生物無生物，都只有一重結構，就是形軀、物質、表相，但人卻有兩重結構，就是在形軀物質表相之外，還有心靈、精神、生命本質蘊涵其中。這於是構成了兩重自我：形軀我與心靈我。但這兩重自我具有怎樣的關係呢？它們是一還是二？若是二，那又誰才是更重要的我？誰是真誰是假？誰是本誰是末？這於是構成了只有人才有的自我困惑，而繁衍出種種人生煩惱，有待疏解療癒。

而疏解療癒之道，首先當然是在觀念上對自我生命具有兩重結構有正確的認知，包括心靈之我才是真才是本。然後才能進一步在實存的人生經驗中實踐地予以釐清；好讓兩者充分相融為一體，而非互相矛盾糾纏。這實踐的釐清工夫就叫「吾喪我」。

至於如何通過音樂的比喻來說明這兩重結構？且聽下回分解。

音樂之神似在音樂之外實在音樂之中

……子游曰：「敢問其方。」子綦曰：「夫大塊噫氣，其名為風。是唯無作，作則萬竅怒呺（通「號」）。而獨不聞之翏翏乎？山林之畏隹，大木百圍之竅穴，似鼻，似口，似耳，似枅，似圈，似臼，似洼者，似污者；激者，謞者，叱者，吸者，叫者，譹（通「嚎」）者，宎者，咬者，前者唱于而隨者唱喁。泠風則小和，飄風則大和，厲風濟則眾竅為虛。而獨不見之調調，之刁刁乎？」子游曰：「地籟則眾竅是已，人籟則比竹是已，敢問天籟。」子綦曰：「夫吹萬不同，而使其自已也。咸其自取，怒者其誰邪！」

——〈齊物論〉第一段

當子綦老師對學生子游表演了一段「吾喪我」的魔法之後，便跟著提出一組天籟、地籟、人籟的概念，想藉此幫助子游了解「吾」和「我」的不同以及兩者的關係。

子游聽了，就跟老師說：「敢請老師再說明白。」於是子綦解釋說：「如果將大地比喻為生物，那麼當他吐氣的時候，就形成我們所謂的『風』。這風不颳則已，一旦颳起來，就會與各種凹洞摩擦而發出各種聲音。你不也曾經聽過長風吹過高山林木的聲音嗎？我說的就像那樣。首先是那些千年大樹，樹圍可以用手掌量一百個跨度的，樹身一定有許多坑洞，大小不一，形狀各異。有像鼻子的、嘴巴的、耳朵的，也有像瓶子的、杯子的、搗米臼的、深水池、小水坑的等等。風和不同形狀不同大小的坑洞摩擦，也發出種種不同的聲音。有像水從高處瀉下的聲音，有像箭離弦的聲音，有像喝叱的聲音，有像呼吸的聲音，更有像人在喊叫、嘶吼、狂笑、嘆息等等。這些聲音，前後相隨，連綿不斷。風小的時候聲音也小，風大的時候聲音也大，等風停了，聲音也就靜止了。你不也見過風停止後樹林的枝葉仍在輕輕搖動的樣子嗎？」子游聽了老師一番對大自然交響樂的說解，總算對所謂地籟明白了，就跟老師說：「原來地籟就是指風摩擦種種凹洞的聲音，人籟我本來就懂，就是由人造的樂器（例如排簫）所發出來的聲音，但還有天籟，到底是什麼？老師還沒說明白呢！」於是子綦說：「這就比較難說明白了，因為它不像人籟地籟有明顯的情狀。我們還是回過頭從人籟地籟切入罷！我們不妨追問：萬竅怒號所發出來的聲音，請問是誰讓它發聲的呢？當聲音靜止，又是誰讓它靜止的呢？這決定發聲與否的真正主人，也就是音樂之所以成其為音樂的本質，就是天籟，也可以稱為『音樂之神』。這超越的形上本質好像在音樂的現象之外，就好像風在萬竅眾聲之上。但這只是為說解方便而姑且分析為兩層（就是形上界的道和現象界的物或言）罷了！其實這兩層是凝合為實存的一體的，音樂之神就在音樂之形當中。所以眾竅發聲，就是它自己發的，靜止也是它自己靜止的。一切都是生命的自由與自然，想要在音樂之外去找一個『發聲者』，其實是找不到的。」

莊子也很懂得鬥爭哋！

大知閑閑，小知閒閒；大言炎炎，小言詹詹。其寐也魂交，其覺也形開。與接為構，日以心鬥。縵者，窖者，密者。小恐惴惴，大恐縵縵……

——〈齊物論〉第二段

〈齊物論〉第二段開宗明義，先區分出生命的兩重世界：吾和我、天籟和地籟人籟。不過這兩重世界雖可在概念理解上予以區分，但在實存的生命，其實是凝合為一體的。這於是考驗出人的心性修為到不到位：如果到位，心靈（吾）就能做身體（我）的主人，完全不被形軀的有限性所限，反而能夠當下假借形軀的種種條件去呈現心靈的自在逍遙。但如果修為不到位，就會本末顛倒，心靈就會執著有限的形軀為我，強從有限處求無限願望的實現。而僧多粥少，就必然引發人與人之間為搶奪有限資源，護衛脆弱自尊而掀起的各種鬥爭。於是人的自由失落，愈陷於無窮的憂疑恐懼、患得患失之中，不知將伊於胡底。

莊子因此精準描繪了這種虛妄人生的實存情狀，希望能喚醒人心的戚戚然之感，進而對自己為何會陷於如此悲慘境地有一深切的省悟。

他先點出俗世中人總是習慣靠著「知」（包括知識、經驗，尤其是種種熨貼人情世故的潛規則）與「言」（包括所有能將知的力量充分、有效發揮出來以制敵機先的操作技術）為鬥爭的工具。於是日日所著意、所經營的，無非是種種資訊條件的儲備（成立「智庫」、「基金會」，作各種研究、策劃……），與臨場的實際攻防（上至立法院的交鋒，下至菜場的討價還價）。前者就是所謂「大知閑閑，小知間間」（「閑閑」，廣博貌，「間間」，稱揚貌），後者就是所謂「大言炎炎，小言詹詹」（「炎炎」是旺盛義，「詹詹」是多言義）。

而既然日日在磨鍊鬥爭工具，自然也就無時無刻不在準備著與人鬥爭，乃至把所有人都視為假想敵了（與接為構，日以心鬥）！這於是發展出種種鬥爭的原則，而簡直可以稱為「鬥爭學」了（例如《孫子兵法》就是戰爭學、鬥爭學的名著）！莊子也在此舉出鬥爭的三原則，就是縵、窖、密。其實三者又可以總括為一個「密」字。

縵是周密（如絲織品之密密交織），就是要設想得夠周到，將對方的各種可能行動都想到了，也知道要如何一一回應。也就是《孫子兵法》所謂「多算勝，少算不勝」。

窖是深密（如地窖之深入地下），就是要想得夠深，一層一層勘入、翻新，直想到一般人不會想、不敢想、簡直匪夷所思的地步，例如違反人性、殘忍尖刻等。當年陳平曾為漢高祖六出奇計，幫高祖脫困，所謂奇計，恐怕就是深密一類，這當然比周密更厲害一層。

密是保密，這一點雖然看似平常，卻十分重要，乃因即使構想再周密、深密，如果消息洩露，也是白費。所以如何有效保密，好收鬥爭一旦發動，對方必猝不及防之奇效，永遠是鬥爭行動的無上要義。

咦！原來莊子也這麼懂鬥爭呀？他也是鬥爭高手嗎？當然不是，我們在此談鬥爭學，並非要去和人爭鬥，相反的是要因明白鬥爭的可怕而戒絕鬥爭啊！

鬥爭只會害人走向死亡

……其發若機栝，其司是非之謂也；其留如詛盟，其守勝之謂也；其殺若秋冬，以言其日消也；其溺之所為之，不可使復之也；其厭也如緘，以言其老洫也；近死之心，莫使復陽也。喜怒哀樂，慮歎變慹，姚佚啟態；樂出虛，蒸成菌。日夜相代乎前，而莫知其所萌。已乎！已乎！旦暮得此，其所由以生乎！

——〈齊物論〉第二段

前文先點出鬥爭學的核心要義：密，包括周密、深密、保密。接著莊子要談到這要義落到具體的鬥爭事件，要如何有效操作。而要義不過兩端，其一就是當機會尚未來到，就已經要想好垮對方的諸般方案，一一設想周密、深密，沙盤推演到熟練無瑕。當然重要的是不但絕不透露風聲給對手知道，更要裝著跟他親如兄弟，推心置腹，遇到機會就要指天誓日，永結同心，這就是所謂「其留如詛盟」（「留」是指所有鬥爭方案都留中不發，只有自己知道。「詛盟」是指互相發誓，永結同盟）。而所以這樣信誓旦旦，無非是為了鬆懈對方的心防，好保留當對決機會來到，能一舉擊垮對方，即所謂「守勝」（保留決戰獲勝的機會）。

好，當一切準備妥當，只在靜待時機的時候，機會果然來了，這時該怎麼辦？這時就要把所有蓄積的力量，在正確的時間點（Timing）上全部發動、投入，打擊到對方身上，務期一擊奏效，就把對手打垮。否則，若第一擊沒打垮，給了對方喘息反擊的機會，下面就勝負難料了！這就是所謂「其發若機栝」（一按鈕，萬箭齊發）。至於「司是非」，「司」就是「伺」，「伺是非」就是等到對決的時刻。

以上描述鬥爭作為的布置、發動，真令人驚心動魄，也不免讓人聯想起前陣子台北政壇的惡鬥。也許有人會覺得很過癮罷！但莊子可不覺得，他無寧認為所有陷入鬥爭漩渦中的人都是輸家，因為鎮日刀頭舔血，夜夜睡不安穩，會使生命快速磨損，就像一年氣候，過了盛夏，就漸漸入秋入冬，愈加肅殺。生命也從自然開放活潑，漸漸老化為防衛封閉死寂，就像用針線層層密封的信封套一樣（「其厭也如緘」，「厭」是封死義，「緘」是密縫義。「老洫」，「洫」是枯竭義）。這不簡直是慢性自殺嗎？但沒辦法，當人已經對鬥爭上了癮，是沒有人能幫他重振生機的（近死之心，莫使復陽）。這時人的生活雖然也粗看煞是熱鬧，每天應酬不斷，情緒起伏動盪，表情還豐富得像演戲老手。但那又有什麼用？因為全是虛情假意（在此莊子用樂音出自空氣柱的振動、菌類植物因熱氣蒸騰而快速生長老死，來比喻空虛不實的生命假相）。但這些虛妄的人生活動早已一環扣一環，自動繁衍到把人累死都無法擺脫了！說到這裏，莊子不免感慨良多，呼籲世人還是趕快停止這種實屬傷人又害己的鬥爭生涯罷！（已乎！已乎！）還是回過頭來思考人生緣何至此才是正辦。說不定那天你忽然覺悟（旦暮得此），你就明白人生是怎樣變假的了！

形軀之外必有心靈為我們的真我

……非彼無我，非我無所取。是亦近矣，而不知其所為使。若有真宰，而特不得其朕。可行已信，而不見其形，有情而無形。百骸、九竅、六藏，賅而存焉，吾誰與為親？如是皆有為臣妾乎？其臣妾不足以相治乎！其遞相為君臣乎？其有真君存焉！

——〈齊物論〉第二段

莊子在〈齊物論〉第二段，從生命的負面假相入手，作了一番慘烈的描述，目的無非是要引出「如何才能不掉進這鬥爭陷阱，以恢復生命的健康統整？」這一主題。所謂「旦暮得此」，就是要找到生命由真變假的關鍵答案。那麼答案在哪裏呢？

莊子於是對人的生命結構作了一個最基本的分析：

原來人的生命具有一個與動物不同的特殊結構，動物的生命只有一層（形軀），人的生命卻有兩層（形軀外還有心靈）。一般人只知有形軀一層，遂逕名之為「我」；卻不知形軀我之外，還有一個心靈我。遂逕從形軀我的立場名心靈之我為「彼」了！其實那被當作是「彼」的心靈才是有永恆意義的真我，這形軀實只是暫時存在的假我罷了！

當然，這兩個我的關係是十分密切的，簡言之：心靈是形軀的價值根源（「非彼無我」，此

「無我」是指「無我的存在價值可言」），形軀卻是心靈的存在基礎（「非我無所取」，是說「若沒有我這個形軀，你那心靈也沒有存在的根據地」，「取」即「聚」，立足點的意思）。這兩個我的關係可真密切極了（是亦近矣）！但誰才是作主的真我卻很難分辨（而不知所為使）。似乎總該有一個真我罷（若有真宰）！但這心靈真我卻是無形無跡，看不見摸不著的（特不得其朕，「朕」是「徵兆」）。因為心靈的所有表現都通過形軀，以致我們只看到明白可見的形軀，仍是看不到心靈的形貌（可行已信，而不見其形）。原來心靈雖是真實存在的，卻不是一種有形貌可見的存在（有情而無形），才讓迷信眼見為憑的世人忽視了心靈才是更真實的自我，才誤認有限的形軀為我，而導致那麼多對形軀的無效維護與嚴重鬥爭的啊！

　　當然，對已經根深柢固執著形軀為我的人來說，莊子這番分析他是半信半疑的。為了說服世人，莊子不得已作了一個假設性的論證。他首先找到一個人人都會同意的共同立足點來作說服的起點，那就是每一個生命都該是有統整性的，如呼吸、循環、消化、神經各系統都彼此關連，分工合作，形成一個生命的大系統。那好，在這大系統中總該有一個最高的指揮官或主宰罷！但那會是誰呢？我們試把形軀徹底解剖，各器官都擺在手術台上，你認為哪部分是最高的真我（「吾誰與為親」，「親」就是「自我」）？如果說它們都不是主人而只是僕人，那僕人們是沒法構成一個管理系統的（臣妾不足以相治）。那難道它們是輪流作主的嗎（遞相為君臣）？那又明明是不可思議的。既然我們無法在形軀中找到真我，那我們只能推論在形軀之外，必然另有一個真我，就是心靈了！

人的悲哀都來自誤認假相為真我

……如求得其情與不得，無益損乎其真。一受其成形，不亡以待盡。與物相刃相靡，其行盡如馳，而莫之能止，不亦悲乎！終身役役而不見其成功，苶然疲役而不知其所歸，可不哀邪？人謂之不死，奚益？其形化，其心與之然，可不謂大哀乎？人之生也，固若是芒乎？其我獨芒，而人亦有不芒者乎？

——〈齊物論〉第二段

莊子分析了人特殊的生命結構，並且通過層層逼問的方式論證出人在形軀假我之外，實有一心靈真我之後，便要進一步解答人的真我因何失落的問題。

莊子首先作一原則上的聲明，就是真我既屬真實永恆無限，那怎麼可能會失落呢？因為如果真我會損傷、迷失、死亡，那就表示他不夠真實嘛！所以莊子先根據真我的本質而宣稱：不管你認識了解真我也罷，不認識了解真我也罷，真我之所以為真我都是永恆自存，不因你認不認識而增減分毫的（如求得其情與不得，無益損乎其真。「情」是「實情」的意思）。因此所謂失落，純然是來自人的誤認，因此造成的人心假相。那麼是怎樣的誤認呢？就是誤認與心靈關係緊密的有限形軀為我（一受其成形，意即「一旦接受這具體的形軀為我」）。但這形軀其實和永恆不死的心靈是不同的，它會生會長會老會死，人當目睹形軀的生老病死之餘，遂誤以為心靈自我也會走向死亡（不亡以待盡，即「雖心靈本質不亡，也誤以為日趨於盡頭」）。因此心生驚懼，遂忍不住勉力想保存形軀於不死，而不免與他人進行無休止的生存鬥爭，以至於互相傷害（與物相刃相靡）。而且陷溺在這樣的思維模式、行為慣性之中，無法自拔。遂使這種自取滅亡的行徑，如奔馳的車、馬一般愈演愈烈，無法停止（其行盡如馳，而莫之能止），這真是人生的絕大悲哀呀！

但人所以會這樣拚命作生存鬥爭，原意正是要保住自我的永恆不朽，所以人都會誇大他在鬥爭中的每一次小小勝利為莫大的榮耀。但這種拚命是毫無意義的（終身役役而不見其成功），只會愈益耗盡他的精力，反倒更覺茫然罷了（苶然疲役而不知其所歸）！世人這種盲目而無用的奮鬥，能不令人感到悲哀嘆息嗎？人硬說這就是人生的不朽成就，又有什麼用？（人謂之不死，奚益？）因為人心依然無可避免地會隨著形體的衰老而感到驚懼沮喪，終於會明白這奮鬥的無望（其形化，其心與之然），這一生掙扎奮鬥後的徹底絕望，才是人生最大的悲哀呀！

莊子析論人生的荒謬虛無，竟會到如此不堪的地步，也忍不住發出深深的慨嘆，慨嘆世人難道都是這麼愚昧無知嗎（人之生也固若是芒乎！「芒」通「茫」）？而放眼天下，何止區區不才在下我是如此愚昧？世上人又有誰是不愚昧、能不掉進這無望掙扎的陷阱的呢？

莊子就用這千古的慨嘆提示出這每一個人都必須認真面對的生命課題！

所有人生問題都是人自我的

……夫隨其成心而師之，誰獨且無師乎？奚必知代而心自取者有之？愚者與有焉。未成乎心而有是非，是今日適越而昔至也，是以無有為有。無有為有，雖有神禹，且不能知，吾獨且奈何哉！

——〈齊物論〉第二段

以上從「大知閑閑，小知間間」開始一直到目前，算是〈齊物論〉的第二段。這一大段從人間普遍的鬥爭現象談起，談到鬥爭的原則（密）、鬥爭的行動、鬥爭帶給人的傷害。然後談到人陷於相爭的原因，在誤認形軀假我為真我，也同時誤以為心靈真我也如同形軀一般有限，遂產生種種自我防衛的反應，包括與他人的殊死鬥爭。所以、正確認識心靈真我的永恆本質，是一樁何等重要的功課呀！

這一大段娓娓道來，莊子終於要作一個總結了，就是再次點出問題的癥結，在人心的迷妄，誤認假我為真我。當然，莊子並非只單純地複述這點見解，而是重新製作了一個如何釐清真假的簡要論證：

莊子首先點出假我的來源，就是直接認取自我在現實生活中的有限經驗為我。這個誤認自我表現的經驗為自我本身的心態，就稱為「成心」，也就是假我（以自我暫時假借以呈現的有限經驗為我），這誤認的行為就是所謂「隨其成心而師之」（「師」是師法義，即「以成心為師」，也就是「以成心為我」）。

當然，人所誤認而執著的經驗都是有限的，而自我本質則是無限而尊貴的。這一執著，就造成將有限經驗無限上綱為至高無上的結果，這就是人為什麼會自我吹噓的原因所在。例如誇耀自己的財富、權位、學識、能力、勇敢、智慧、美貌、身材等等。但若你這些世俗所謂的好條件值得誇耀，那同理我所有的平庸經驗一樣是獨一無二的自我所假借，又何嘗不值得誇耀？箭神可以誇耀他的箭法，賣油翁同樣可以憑一手將油通過銅板的小方孔注進油瓶的絕技讓箭神嘆為觀止。所以莊子說：「若說執著自我的有限經驗為我是合法的，那誰沒有他自己的執著？（誰獨且無師乎？）何止那些聰慧英明的人可以如此執著？平庸愚蠢的人也一樣有他的特色（你以美著稱，我憑醜出名又有何不可？）即原文所謂「奚必知盛（「代而」二字應合為「盛」字）而心自取（心自我執著）者有之？愚者與有焉！」

莊子於是據此而說當一個人還沒有修成真我（未成乎心）之前，是沒有能力論定價值的（而有是非），這就像宣說我今天要起程去越（中國南方江浙一帶），卻在昨天到達一樣，是在邏輯上不通的。這根本就是以無為有，以假為真的荒謬。

但為什麼人會有此矛盾荒謬的執著呢？這卻正是人心的自由，而自由本來就有兩方向的可能：自由地創造和自由地揑造。當一個人偏要執假為真，自欺欺人的時候，是誰也拿他沒奈何的，就連神聖的大禹王都沒辦法，我區區莊子又能拿他怎麼辦？莊子很清楚是把自我迷失的問題丟還給每一個人自己，其實正是提醒人不能自我逃避！

人最根源的創痛就是被欺騙

夫言非吹也，言者有言，其所言者特未定也。果有言邪？其未嘗有言邪？其以為異於鷇音，亦有辯乎？其無辯乎？道惡乎隱而有真偽？言惡乎隱而有是非？道惡乎往而不存？言惡乎存而不可？道隱於小成，言隱於榮華。故有儒墨之是非，以是其所是（原作「非」）而非其所非（原作「是」）。欲是其所非而非其所是，則莫若以明。

——〈齊物論〉第三段

從第三段開始，莊子要正式討論他的語言哲學了！而其核心課題無非是釐清道（生命）與言（語言）的關係。這當然是從前一段真我（心靈、彼）與假我（形軀、我）的關係延伸而來，所謂「非彼無我，非我無所取。」沒有心靈，我這形軀的存在毫無意義，但若沒有我這形軀，心靈的意義感也沒有著落、無法呈現。只是現在把彼與我轉說為道與言罷了！原來言語的功能就是表達、呈顯，言以顯道，身以顯心，廣義的語言就包括整個形軀的表顯傳達功能，如表情語言、肢體語言、服飾語言等等。

在討論這個課題之前，莊子首先釐定人所使用的語言，雖然也借用自然的聲音形相（例如風吹的聲音），但卻和自然的聲音形相有本質的不同。就是自然的聲音形相與它所代表的意義是等同的，風吹的意思就是風吹，沒別的意思。但人借用了風吹為語言符號，卻另有人想要表達的涵義（「言者有言」，人所說的話都意有所指），而且這想藉以表達的意思更是言人人殊，各有不同，並不確定（其所言者特未定也）。於是有了你對別人講的話有聽懂還是沒聽懂的問題產生。如果沒聽懂，那你聽也是白聽，他講也是白講。於是他到底算有講還是沒講就難定了（「果有言邪？其未嘗有言邪？」以聲音而言，當然有講；但就意思沒傳出去而言，卻等於沒講）！換言之，人講的話和鳥叫也是有同有異，就都屬有發出聲音而言，是沒差異的（辯同辨，別也，無辯就是無分別），但就別有意義的傳達而言，當然就大有不同了！

好，就從人為語言所要傳達的情意各有不同，因此會產生誤解的可能而言，就出現了語言的危機，就是語言常常不但不能正確傳情，反而導致對真情的遮蔽或扭曲。這就是所謂謊言、所謂欺騙。莊子於是提出一個詰問：人的情意是因何被遮蔽而有了真情抑假意的疑問（道惡乎隱而有真偽）？或者換一個角度來說：人說的話是因何不能達意而有了真話假話之別（言惡乎隱而有是非）？

莊子這番詰問，可說點到了所有人的痛處？原來，「被欺騙」可說就是人生創傷的總根源、總起點。人本來都是懷抱著簡單純良的心思來到人間，也天真地如此理解人間的（所謂「人之性善」）。卻不知人間不是天上，他真誠待人，別人卻常欺騙利用他；他好心卻常沒好報，人因此深深受傷了。是別人壞嗎？還是他聽不懂別人的話以致被誤導？莊子正準備從語言的角度，去試解這人性上的千古之謎。

放下意識型態的執著，才能以言明道

……道惡乎往而不存？言惡乎存而不可？道隱於小成，言隱於榮華。故有儒墨之是非，以是其所是（原作「非」）而非其所非（原作「是」）。欲是其所非而非其所是，則莫若以明。

——〈齊物論〉第三段

莊子點出了人生的普遍疑惑與創痛，就是人為什麼會說謊？到底是因為人故意隱瞞還是不知道如何正確傳達？還是這兩者存在微妙的關連？而同樣的，人之所以被騙，到底是因為人聽不懂別人講的話？還是因為他怕聽懂所以故意裝著聽不懂，然後反而可以怪別人騙他？還是這兩者間也存在著微妙的關連？

真的，好端端的語言，在小鳥之間或螞蟻之間都沒問題，但在人與人之間卻總不免掀起種種紛擾波濤，這到底是為什麼？莊子就用一句「道惡乎隱而有真偽？言惡乎隱而有是非？」來揭開他對人為語言的反省。

莊子首先作如此設問：「是不是因為人的真情（道）本來就有可能無法表白？」但他馬上予以否定：「道依著他真實、永恆、普遍、無所不在的本質，哪有可能無法呈現（道惡乎往而不存）？」接著莊子又作了第二個設問：「那是不是因為語言的有限，無法充分傳達那永恆無限的真情與道？」但莊子同樣立刻予以否定：「語言依著他承載道的本然能力，有哪一句話是絕對無法傳達真情的呢？」

排除了上述兩種可能，莊子乃提出真正的答案，原來是因為人自己喪失了感情上的真誠與道的創造性，因而同時喪失了活用語言的能力，才使人言不由衷，說出空洞無意義的假話來的。這從道或真情的角度說，是人一度將真情通過某種形式有效傳達之後（例如送一朵玫瑰讓情人驚喜感動），就迷信這一度的成功經驗（小成），一再沿用送玫瑰的老梗，反讓情人逐漸心冷，你的感情也就此悶住的（道隱於小成）。或者換用語言的角度，同樣是由於某種形式曾成功顯道（例如穿5號球衣大勝），從此迷信那符號真有神力而忘了真正的神奇來自道（言隱於榮華）。

像這種執著於一時的成功經驗，遂將這有限的經驗（某一言語表相）取代道而逕以之為永遠的價值標準（道）的誤謬，在歷史上真是太多了！例如先秦時的兩大顯學：儒家和墨家，他們的開創者孔子和墨子，當時也未嘗不對道有真切的體認。但當他們將道通過各自的時空背境、具體經驗予以表述之後，後人卻直接用他們講的話作標準，去批判別人。符合這框框的就認為對（是其所是），不符合的就認為錯（非其所非）。卻不知你有你的，別人也有他的真切體悟。如果想要開拓心胸，看懂別人不同於己的方式也可能同樣有道（是其所非），省悟自己以為永遠對的形式有時也可能不見道（非其所是），那只有一個辦法，就是懇切反省，放下自己對擅自認定的語言形式、意識型態、「神主牌」的執著，回到生命或道的源頭，才能看見道原來活活潑潑，日新又新，無論選用什麼語言來自我表達，都總是恰如其分，無不光明暢朗，這就是所謂「以明」。

以心靈自覺的不變去應萬變

……物無非彼，物無非是。自彼則不見，自知則知之。故曰彼出於是，是亦因彼。彼是方生之說也。雖然，方生方死，方死方生；方可方不可，方不可方可；因是因非，因非因是。是以聖人不由，而照之於天，亦因是也。

——〈齊物論〉第三段

莊子在點出人生病痛都來自誤執有限的語言概念（那曾一度成功傳達我的真情的美好話語啊！）為「道」之後，便提出一個總的解題之方：「莫若以明」。所謂「以明」，就是秉生命主體的真誠自主（明），去活用語言，亦即體察當下的存在情境，在眾多語言說法中（例如示愛的方式千千萬萬種）選擇對當前而言最恰當的一種，來傳達我心中的真情與道的意思。這時，只要己心是明覺善於感應的，原則上一定能選對語言以成功達意。相反的，如果不憑真心（以明）而迷信大腦記憶中的經驗陳跡（不以明而以智），那踢到鐵板的機率當然就大增了！

這時，那當機被選用的語言就成為點出當下整體情境的意義的關鍵要素、核心價值所在（所謂「畫龍點睛」）。當被選用的說法為「彼」（例如說我愛你），這情境就不妨直以「彼」為標籤（物無非彼），而稱為「彼檔案」（例如以「我跟她告白了」為日記的標題）。同樣，當被選用的說法為「是」（例如說我跟她嘔氣了），這情境也就該轉稱為「是檔案」（物無非是，例如以「她竟然誤會我，好氣呀」為日記的標題）。當然這兩個檔案（或兩篇日記）的檔名（或標題）是不能互換的；要用對標題，才能準確抒情（自彼則不見，自知則知之）。所以說：雖然每一天都是我的生活，每一情境都是自我的真實呈現，但因為各情境的主題不同，所以同樣的喜怒哀樂是可以或領屬於此，或歸納為彼的（彼出於是，是亦因彼）。至於事實上每一個當下的生活情境該用哪一種說辭來表述、哪一個標籤來代表？坦白說是不斷在隨幾應變之中，而不是一成不變的（彼是方生之說也）。有時轉變之快，簡直是上一秒鐘還管用的，下一秒就不管用了（方生方死、方可方不可）；或者是上一剎那還不恰當的，下一剎那卻又變得恰當了（方死方生，方不可方可）。就像小兒女談戀愛，情緒變幻如天氣的晴時多雲偶陣雨，要刻刻都能準確知情人之心，可真不容易呀！則也只有真誠、專心，才能敏感應變，而且萬變不離其宗，依然愛心不變罷！這就是所謂以明了！

正因為世事無常，或彼或此，或是或非，都沒個定準，真像衣著的流行，女人裙子一會兒短一會兒長（因是因非，因非因是），所以明白的人都不會對任何潮流有所執著（聖人不由），而只是把住心中的定盤針，知道所有流行，無非是為了要表現人的真情、人間之愛、生命之美。所以總是能秉持真情真理，出入於種種語言、事象、潮流之中，而不迷失自己。這就是所謂「照之於天」，以不變應萬變（「亦因是也」，在此「因是」是順應大化的意思）的處世之道罷！

了解辯證筆法才能讀懂莊子

……是亦彼也、彼亦是也。彼亦一是非，此亦一是非。果且有彼是乎哉？果且無彼是乎哉？彼是莫得其偶，謂之道樞。樞始得其環中，以應無窮。是亦一無窮，非亦一無窮也。故曰：莫若以明。

——〈齊物論〉第三段

經過一大段的反覆辯證，讀者大概對以生命自我為主體，去活用語言以自我呈現的道理，多少有點兒譜了罷！莊子於是總括前文，為〈齊物論〉第二段所反覆辯證的道（一貫如是的生命自我）與言（一切隨緣遇合的生活表相）的關係，作了一個簡要的總結。

如果說生命自我這個主體是恆常不變、一貫如是的（不妨即稱之為「無限性」），而他隨緣遇合、當機呈現的表相是千變萬化，各有標題，如彼與是不可互換的（不妨即稱之為「有限性」，以各有其特殊的限定也）。那麼，不管是通過這一標題還是那一標題，其實所呈現的還不就是那同一主體嗎？昨天我哭，今天我笑，都是我的真情，則若哭若笑又有什麼差別？（是亦彼也，彼亦是也）當然，若不就同一主體而就主體隨緣呈現的表相而言，的確是笑歸笑，哭歸哭，彼檔案和此檔案是各有條理，互不相同的（彼亦一是非，此亦一是非）。於是同還是不同，就各有層次，不能一概而論了！（果且有彼是乎哉？果且無彼是乎哉？）但這或同或異，或常或變，其實是詭譎地相即為一體，構成亦常（就主體自我言）亦變（就表相變化言）的生命整體。這時不但表相層的彼與是的差異相被取消，就連表相層（有差異）和主體層（無差異）的差異也被取消了！（「彼是莫得其偶」，即「彼」與「是」不構成對立關係而是相即關係。）這才是道之所以為道的核心要義或終極境界（「謂之道樞」，「樞」是門的軸心）。當我們終於體悟或體現到這實存的道或「生命」，我們才算找到了人生的中心立足點或價值根源（「樞始得其環中」，「環中」就是圓心）。而且秉持這根本原理，才能因應世間的千變萬化，既不與外境衝突摩擦，也不讓自我委屈迷失（以應無窮）。於是不管我在每一個當下是哭是笑，表現為此還是彼，我都是自由的，我之為我一點兒也沒有受到損傷，依然完整、圓滿、永恆、無限。此之謂即有限即無限（是亦一無窮，非亦一無窮）。這就是「莫若以明」的智慧。

在這一整大段，莊子依然運用他靈活的筆法，展示了他高妙的先分解再取消分解的辯證思維。莊子一貫地先將整體實存的道或「生命」分解為形而上的「道」與形而下的物或言，分別說明它們的位階（上與下）與特性（無限與有限）；再說它們其實相即為不可分的整體。於是與物或言對立的道又還原為涵物與言在其中的實存之道了！我們一定要熟悉莊子這種旋說旋掃的靈妙筆法，才能讀懂莊子，明白他在說什麼。

光憑知識不能真正了解生命

以指喻指之非指，不若以非指喻指之非指也；以馬喻馬之非馬，不若以非馬喻馬之非馬也。

——〈齊物論〉第四段

〈齊物論〉從第三段起，一直到第七段，每段都在變換不同的說詞，但說的全是「道」與「言」的辯證關係。真可說是變幻莫測，層出不窮，令人嘆為觀止。但卻也是〈齊物論〉中最艱深難懂的部分，需要讀者以無比的專心耐心去弄懂它。經過前面第三段的考驗，各位大概已多少嘗到一些艱難奇詭的滋味了！

現在再來看第四段也一樣，一開頭的幾句話就足以把讀者弄得一頭霧水，不知所云。歷來解莊的很多也只是略述大意，對每一字每一句的確義，就只好蒙混過關了！

尤其是第一句，要弄清楚它在說什麼，首先便得對接連出現的幾個「指」字作精確的理解。原來「指」的原意是手指，名詞。由此作第一層的引申，乃是指示（用手指指物），動詞。然後據指示義再作引申，就是「具有種種指示（或指涉）功能的語言（或概念）」，這時又是名詞了！至於第二句的幾個馬字，也可以比照理解。

我們就據以上界定來看看「以指喻指之非指」這句話：第一、三兩個「指」都是語言義，第二個「指」則是手指義，可衍申為生命義（以「手指」稱代生命，乃以部分代全體也）。於是整句的意思就是「用語言來說明生命其實不是語言」，若連同下一句詳細點解釋，就是：你若打算用概念語言來跟別人說明生命是真實存在的生命，而不是一堆概念的組合，那是沒辦法講清楚的。不管你說解得多麼詳細、嚴謹，聽的人仍只是聽到一堆抽象的概念組合，對生命到底是什麼，仍是朦朦朧朧，不會有實感。那麼要怎樣才能讓人明白呢？就是要放棄依賴概念語言，改用「非語言」（非指）的方式，例如親身體會，目擊道存，反而能讓人親切明白生命就是生命，不是一堆抽象概念的組合呢！

當然，第一句是道理的總提，不免有點兒抽象。於是莊子就跟著舉了個馬的實例，他說：例如一匹馬罷！你如果想對一個從來沒見過馬的人描述馬是一種怎麼樣的動物，（以馬喻馬之非馬），恐怕是徒勞無功的，因為無論你怎麼說，都只是馬的近似值，而不就是馬。例如你若說馬像牛，只是沒有角而臉比較長，聽的人就會想像成一頭長臉無角牛。你若說馬像狗只是大好幾倍，而且頸上有鬃毛，聽的人就會想像成一隻長頸毛大狗……。

那怎麼辦呢？最簡單明白真切的辦法就是別說了！直接帶他去牧場親眼看看那匹活生生的馬吧！他立刻就懂了（以非馬喻馬之非馬）！當然，如果要更懂，就不能只是看，更要去和馬相處，摸摸牠、騎騎牠、餵牠、陪牠，你才能更懂得馬的性情，而這些都不是光憑書上知識就能懂的，這就叫體驗。

對一匹馬都已如此，對更豐富、複雜，更每個人都獨一無二的人的生命，就更要放下語言概念知識，改用真心去感受體會領略才能真懂了！但世人為了求方便省事，常就套用概念去認識身邊的人，卻不知這正是人間誤會的開端啊！

所有事物在呈現道的功能上是一樣的

……天地一指也，萬物一馬也。道行之而成，物謂之而然。惡乎然？然於然。惡乎不然？不然於不然。（惡乎可？）可乎可。（惡乎不可？）不可乎不可。物固有所然，物固有所可。無物不然，無物不可。故為是舉莛與楹，厲與西施，恢詭譎怪，道通為一。

——〈齊物論〉第四段

莊子對生命區分出「言」（生命表相）與「道」（生命本質）兩層之後，立刻要說明這兩層在實存上其實是詭譎地相即為一體——所謂「詭譎相即」就是兩者既不是一件事；也不是兩件事的意思。怎麼個詭譎相即法呢？就是在某一個恰當時刻，道（生命精神）剛好通過這一表相（就語言本身講就是「指」，就舉例講就比如「馬」）而呈現（道行之而成），我們也是剛好藉著這表相（例如看到一匹活生生的馬）而領略到生命（道）的存在（物謂之而然）。於是在這一剎那，生命精神與馬就合為一體了（萬物一馬也），道與言也就詭譎相即了（天地一指也）。

如果要問，在當下這一剎那，道為什麼是與馬而不是與別的（如牛、狗、貓）相即呢？（惡乎然？）莊子的回答非常有趣；「因為事實上道在此刻就是通過這匹馬而呈現（然於然）而不是通過別的表相來呈現呀（不然於不然）！」莊子這種回答在西方知識論上是無效的，因為並沒有增加新知，這叫「自我指涉」。但在生命哲學上卻是非常有效的回答，乃因他是訴諸生命存在的事實，而事實的存在不需要理由，也不容反駁。例如情人問你為什麼愛她？如果你舉出種種愛她的理由（如青春、美麗、聰明），都適足以被她據以反駁（那我老了、醜了、笨了你就不愛我了嗎？原來你根本是愛青春美麗聰明而不是愛我）。所以最懇切的回答反而是：「我就是愛你呀！我愛你是一個事實，這還不夠嗎？」

同樣，「惡乎可？可乎可；惡乎不可？不可乎不可。」的意思也一樣，只是由「是不是」改說為「合不合適」罷了！另外，加上括符的「惡乎可」、「惡乎不可」兩句，是原文沒有，我們依文意補足的。「可乎可」、「不可乎不可」兩句則原文在「萬物一馬也」之後，我們也是根據文意移置於後。

說明了道與言（物）的詭譎相即之後，莊子繼續點出所有語言（或物、表相）都是有可能（然）也適合（可）去呈現道的，沒有任何一項語言不具備這功能（物固有所然，物固有所可，無物不然，無物不可）。於是所謂「齊物」便可以如此理解：所有事物、表相、語言，在承載道的能力上是完全平等的，只看在此時此刻，道事實上是通過誰來呈現罷了！因此，所有事物的相反兩極端，都可以在此呈現道的功能上被畫上等號（例如小草與大柱子、醜八怪與大美人，乃至種種奇奇怪怪的事物），這就是所謂「道通為一」。

道是變化萬千的動態平衡

……其分也，成也；其成也，毀也。凡物無成與毀，復通為一。惟達者知通為一，為是不用而寓諸庸。庸也者，用也；用也者，通也；通也者，得也；適得而幾矣。因是已。已而不知其然，謂之道。勞神明為一而不知其同也，謂之朝三。何謂朝三？曰：「狙公賦芧，曰：『朝三而莫四。』眾狙皆怒。曰：『然則朝四而莫三。』眾狙皆悅。」名實未虧而喜怒為用，亦因是也。是以聖人和之以是非而休乎天鈞，是之謂兩行。

——〈齊物論〉第四段

莊子在反覆說明道與言詭譎相即的關係之後，又到了該為這一大段論說作結語的時候了。首先莊子依然再次提醒：言與道的相即乃是隨大化遷流不斷變換的歷程。我們將這當下相即為一體的「道」，姑且分為道與言二者，其實它們是一體（其分也，成也）。但道才剛與某一言或現象（例如馬）相即為一體，卻轉眼就又分離而轉與其他一言或現象（例如牛）相即了（其成也，毀也）。因此，我們就不要拘泥道與某一言或現象到底是分還是合了罷！用辯證的眼光看，分分合合都無非是道的總體性表現（凡物無成與毀，復通為一）。

但這即言即道，即分即合，生生不息，變化萬千的總體性表現的道，卻只有心靈通透的人能明白（惟達者知通為一），所以他們都不會執著某一有限現象（例如馬，例如有錢有勢，有美貌身材）為永恆價值；而是隨機活用，看眼前有什麼，就通過什麼去呈顯我的人生價值（有錢有有錢的過法，窮也有窮的過法，而都能自在，也無不是道的體現），這就是所謂「為是不用而寓諸庸」（不執每一物的定型之用而將它隨機納入生活中以成其大用）。

在此，事物的功能有了小用（用）與大用（庸）之別。莊子也作了說明，他說庸也是一種事物的功能，只是不指定型的小用（如粉筆用來寫黑板），而是在生活中隨幾活用（如必要時也可用來當飛鏢丟講話的學生，這就叫「通」）。當我們能如此不拘泥地活用萬物，人生就不會被卡住而能自我實現了（這就叫「得」）。當我們隨時都能做到自我實現（適得），那就差不多算是得道了罷（這就叫「幾」）！而歸結來說，也不過就是能隨時順應大化的流行罷了（「因是已」，「是」是指大化流行的道）！而所謂道，不就是指這種順應已達到極度圓熟乃至無跡可求的地步嗎？

莊子隨後感慨一般人不了解道是這麼一種隨機變化的動態和諧，遂常執著某一有限現象為道而辛苦追求，卻不知就道而言，有錢沒錢，是美是醜，其實都是一樣的（勞神明為一而不知其同也）。並說了個「朝三暮四」的故事，稱讚養猴子的狙公懂得順應猴子的情緒，將餵食靈活處理（每天餵七顆橡果還是不變，但事情卻辦通了）。而總結為聖人就是能以最高的道（天鈞）為標準，去調和兩端間的差異與對立，以獲致整體和諧的人。這種讓道與言兩端相即而一體呈現，就叫做「兩行」。

一念執著，價值世界便顛倒

古之人，其知有所至矣！惡乎至？有以為未始有物者，至矣！盡矣！不可以加矣。其次以為有物矣！而未始有封也。其次以為有封焉，而未始有是非也。是非之彰也，道之所以虧也。道之所以虧，愛之所以成。

——〈齊物論〉第五段

〈齊物論〉中有關道與言的詭譎相即關係，已經藉三、四兩段把最重要的基本義理予以鋪陳了！以下三段就特別針對這靈活而脆弱的詭譎相即關係，到底是為了什麼緣故而受到破壞？作了關鍵性的提示。我們的確須要知道問題點在哪裏，才好及早預防或對症下藥加以療癒啊！

當然，如何將這關鍵性提示有效表述，也須要有善巧的語言設計。在第五段一開始，莊子就針對「知」這種人心的活動，區分出五個階段。然後在這漸進的階段活動中，逼近問題點、點出問題點，好幫助讀者及時警覺。

第一階段可稱為「無知之知」，即所謂「以為未始有物」，亦即是知之始。這時完全不出現（或取消了）任何知的對象，當然知的活動也就無從進行。這時只有知的能力或可能潛存在內，也就是道家思想中「無」或「道」的層境。這是一切「有」的根源，故說至矣盡矣。

第二階段可稱為「整體之知」，即所謂「以為有物而未始有封」。「封」是界限、邊緣的意思。這句話就是說：原則上承認有一個宇宙整體，但其中有哪些分門別類的內容？就先不管了！這是知的能力或活動剛發用的知識內容，也就是道家思想中的「有」，一種籠統含混的「有」，也可以稱為「渾沌」。

第三階段可稱為「分別之知」，即所謂「以為有封焉，而未始有是非」。這相當於科學的認知活動，主要是進行系統性的分類，例如將生物層層分析為界、門、綱、目、科、屬、種等，而組成一龐大嚴密的生物學系統。在此，認知活動是嚴格遵守價值中立，不涉主觀感情這項基本規範的，即所謂「未始有是非」。這時知所對的世界就是知識世界，包括大自然現象（自然科學）和人文社會現象（社會科學）。

第四階段可稱為「道德之知」，即所謂「是非之彰、道之所以虧」。這時是在素樸的、價值中立的認知活動中，加進了人的感情好惡與價值判斷，遂構成人文世界或價值世界。這時的知也就不是置身事外，僅作旁觀的認知活動，而是參與其中，進行對環境的創造安排的實踐活動了！這可說是人尋求自我實現無可避免的表現。

但也就在這裏，一項本質危機就出現了！原來道德實踐的創造活動須基於自覺的心靈，如果心靈不夠自覺，藉物緣以自我實現就會變成執著某一物以自我認同；創造也就會變質為破壞。既破壞了主體生命的自由，也破壞了整體世界的和諧，此即總稱為「道」的破壞（道之虧），亦即道與言（人為表現）不能相即而反成相妨。而所以生出如此惡果，也不過就源自人心在價值上的一念執著，或莊子所稱為的「愛」罷了！

專家的長才就是他們的盲點

……果且有成與虧乎哉?果且無成與虧乎哉?有成與虧,故昭氏之鼓琴也;無成與虧,故昭氏之不鼓琴也。昭文之鼓琴也,師曠之枝策也,惠子之據梧也,三子之知幾乎!皆其盛者也,故載之末年。唯其好之也,以異於彼,其好之也,欲以明之。彼非所明而明之,故以堅白之昧終。而其子又以文之綸終,終身無成。若是而可謂成乎?雖我亦成也。若是而不可謂成乎?物與我無成也。是故滑疑之耀,聖人之所圖也。為是不用而寓諸庸,此之謂以明。

——〈齊物論〉第五段

莊子在第五段一開始,先分析了知的五階段活動,而點出問題根源實出於人在素樸的分別之知上面,一念執著,遂使藉物緣以自我實現的人文創造活動,變質為執著某一物以自我認同的虛妄。然後便據此進行概念執著的拆解工程,首先就是一貫地鬆動價值認定上的兩端對立,如「成」與「虧」總被認定為「成」(圓滿)才好,「虧」(殘缺)不好。

莊子說:圓滿和殘缺真有差嗎?還是其實也沒差?其實這根本就是人生的一體兩面。就好比音樂家昭氏,當他彈琴時,一定是若選擇彈出這一首曲子(例如孟德爾遜的E調小提琴協奏曲),便不可能同時也彈別的曲子。於是「道」在當下便僅能藉孟德爾遜的協奏曲呈現,至於其他三首同屬「四大小提琴協奏曲」的名曲，此刻就只能靠邊站了！這時，孟德爾遜這首當然和其他三首乃至於所有其他曲子是有差的。但當昭氏不彈琴時，便眾曲都沒差了！它們都隱沒在尚無呈現的可能世界，這時反而可以說四首名曲齊名呢！

但世人卻常混淆了這「呈現」與「隱藏」兩層次，以為某項曾一度呈現道的現象（這時道與物相即），就永遠等於道，遂執著這現象誤以為它永遠優越於其他現象，遂鑄成大錯。例如音樂家（如昭文或海飛茲）總迷信音樂的魅力，指揮家（如師曠或卡拉揚）總高估了指揮的威權，辯論家（如惠施或維根斯坦）則總是過度依賴邏輯的效用。正因為他們的確曾藉其長才去明道，才在他們的專業領域中成為頂尖人物，也被記載在歷史上，流傳到後世。但也正因他們有此與眾不同的特殊才能，遂也產生了執著其長才，誤用其長才的危機，卻不曉得「道」不是這樣去掌握的（非所明而明之）。最後，他們的長才（如惠施、公孫龍等擅長分析，說白石頭涵有「白」與「堅」兩項概念成分。）反而成為他們的盲點。他們身為曾一度以音樂、邏輯明道的人，尚且難免掉進執著形相的陷阱；就更不用說他們的徒子徒孫，只知抱著師父遺產混吃混喝，渾然不知道為何物了！

像一般這種靠著懂一點專業知識技能吃飯，而從不明白道是什麼的人，如果也算是有成就的專家，那我又何嘗不算？（你是音樂專家，我是電玩專家呀！）如果我不算，那其實你也不算，因為這都不是真正明道呀！所以像這種似是而非的假專家，真人是一定會予以揚棄的（「圖」應作「鄙」，鄙棄之意）。

所以，我們還是要回到即一切眼前所遇的現象而活用之，以當幾藉物以顯道，這才是明道的正辦啊！

玩弄語言花樣永遠無法見道

今且有言於此，不知其與是類乎？其與是不類乎？類與不類，相與為類，則與彼無以異矣。雖然，請嘗言之：有始也者，有未始有始也者，有未始有夫未始有始也者。有有也者，有無也者，有未始有無也者，有未始有夫未始有無也者。

——〈齊物論〉第六段

〈齊物論〉發展到第六段，莊子又玩出新花樣了！當然，主題仍是在說明道與言詭譎地相即為一體，而提醒讀者不要一不小心，又習慣性地誤認某一有限的現象物為道。乃因現象世界本質上是由語言構成，而分析性的語言永遠是若指涉了左便不能又指涉右，所以永遠無法涉及那絕對永恆、合左右為一的「道」。

但既然語言無法涉及「道」，那你這篇〈齊物論〉不也是白紙黑字的語言嗎？又如何能對道誇誇而談呢？莊子於是在展開討論前，先把話交代清楚：我下面準備要跟諸位說一番討論道與語言的辯證關係的話了。但我實在不知道我下面要說的這番話和「道」到底是相干的還是不相干的（是同類還是不同類）？但如果諸位夠聰明懂得如何將我的話不管和「道」相干抑不相干，都自行變成與「道」相干；那麼我下面準備講的這番話你就不會聽得一頭霧水，而深深感到我說的句句都是至理了！

在此莊子是把解題的關鍵因素丟還給讀者，或說每一個人自己。因為只有每個人自己的心，能夠以「莫若以明」的智慧，即眼前一切有限經驗或資訊為緣，而上通於道。若然便即言是道，即分析即非分析，語言也未嘗不可論道了！否則，執著名相，死在句下，說再多也只是無謂罷了！

莊子為什麼要把話說在前面？大概是他知道他下面玩的語言花樣一定會讓人一頭霧水罷！他下面舉了兩組對偶性概念為例，都是在說明通過分析性的概念語言，無法找到任何一個概念能代表整全無限的道。這兩組對偶性概念其一是「始」與「未始有始」（即「非始」）、「始」與「非始」構成A與非A的對偶性），其二是「有」與「無」。為了方便，我們僅討論第二組。莊子說：就舉「有」和「無」這組概念為例罷！有和無是對立的，那麼在有、無尚未分化對立前的統整狀態我們要怎樣表示呢？就只好再設一個概念叫「無『有無對立』」（未始有無）罷！但問題其實並未解決，因為概念都是成對出現的（所謂「對偶性概念」），你一提出「無『有無對立』」這概念，立刻就會自動出現與它對立的另一概念：「有『有無對立』」。這一對概念若省略其相同成分：「有無對立」，剩下的依然是原始的「有」和「無」。也就是說：你即使繼續繁衍下去，不斷設立一層一層的「統整兩端為一體」的新概念（如「未始有夫・未始有無」，乃至「未始有夫・未始有夫未始有無」……），問題都同樣會還原為「有」和「無」。換言之，僅通過語言辯證，是無法觸及「道」的，只是花樣層出不窮，徒然亂人耳目罷了！

言與道詭譎相即

……俄而有無矣，而未知有無之果孰有孰無也。今我則已有謂矣，而未知吾所謂之其果有謂乎？其果無謂乎？天下莫大於秋豪之末，而大山為小；莫壽乎殤子，而彭祖為夭。天地與我並生，而萬物與我為一。既已為一矣，且得有言乎？既已謂之一矣，且得無言乎？一與言為二，二與一為三。自此以往，巧歷不能得，而況其凡乎？故自無適有以至於三，而況自有適有乎？無適焉，因是已。

——〈齊物論〉第六段

莊子在舉例論證「通過分析性的概念語言，無法找到任可一個概念能代表整全無限的道」之後，遂提出他的解題之方，就是通過活用語言概念，讓有限的概念超越「指涉」有限對象物的功能而具有「指點」道之存在的作用。當然，指點不同於指涉，指涉是明確及於物的，指點則只是遙指道所存在的方向，讓人比較方便領悟或體證道的存在罷了！道的真確體認仍要靠每個人自己心靈的明覺。此之謂「言與道的詭譎相即」。亦即：言與道事實上是一體，但前提是你心明覺；否則仍是言歸言、道歸道，彼此割裂。亦即：言與道能否是一，並無語言上的保證，仍要加上人自己心靈的明覺，才能讓語言所說的成為真。這用〈齊物論〉的話來說，就是「俄而有無矣」（就在這一剎那，呈現即有即無的境界），但若回歸語言的表示，仍是無保證的，仍無法確定所

說是有抑無？是此抑彼？是果然討論到道抑只是徒然的說空話？（未知有無之果孰有孰無也）

同樣，我莊子明明說了以上一大番話，我還是不能確定我說的這一番話到底是有意義的還是無意義的？除非我們能超越語言概念的限制，讓相反的兩端（對偶性概念）都同具指點道的作用（如天下之大與秋毫之小，如彭祖之長壽與殤子之短命，在指點道的能力上是平等的）。這時才能呈現即言（或物）即道，所有言（或物）都能即道，於是所有言（或道）都彼此平等的境界。此即所謂「天地與我並生，萬物與我為一」。

一般解這兩句，很容易順西方式概念思維的路數，將萬物與無限大相比，萬物都趨近於零，而說天地萬物彼此間無差別。其實這樣的解釋並不合莊子的義理，莊子並不是用無限之眼去泯除萬物間的差別，而是從「當幾指點道之存在的能力」，來說萬物無差別。

然後，莊子再一度深入論說道與物詭譎相即的道理：都已經論證萬物與我為一了（物我無別，就是個與道契合的絕對境界了），還能用有限而分殊的語言來表達嗎？但你明明「說」萬物與我為一，又怎能否認你有說話呢（包括說道無限物有限）？於是絕對的道（一）和相對的言仍不免分為兩層，而同屬由語言所分析的有限概念（道與言成為對偶性概念），而與真正不可言詮的「道」（或一）有隔，而構成三（對偶性概念的言與道，加上非概念的實存的道）。但就連這「非概念的實存的道」還不仍是一句話嗎？而真正不可說的「道」遂又在三者之外，構成「三與一為四」了！由此沒完沒了地繁衍下去，是連大數學家巧歷都找不到終極答案的啊！這還是由深明道不可說的有道之士（如莊子）來說，尚且不免繁衍到三，何況由那些並未悟道而只知玩弄語言的人來論道呢？所以，最後的結論無非是：我們既無可避免生活在語言世界中，在使用語言時就該更加謹慎，不要隨便順語言的分析性去繁衍（無適焉），而要時時回顧不可分析的道（因是已），好讓語言的使用適可而止才是。

語言在不同階段有不同功能

夫道未始有封，言未始有常，為是而有畛也，請言其畛：有左有右，有倫有義，有分有辯，有競有爭，此之謂八德。六合之外，聖人存而不論；六合之內，聖人論而不議；春秋經世，先王之志，聖人議而不辯。故分也者，有不分也；辯也者，有不辯也。曰：何也？聖人懷之，眾人辯之以相示也。故曰辯也者有不見也。

——〈齊物論〉第七段

莊子在上一段盛論活用概念語言（對分析適可而止），好讓語言表現出指點道之存在的功能，而獲致言與道詭譎相即之後，在接下來的這一段，遂對語言概念從分解到非分解、從指涉到指點的不同功能，作出一串階段性的釐清。

莊子說：就道的整體實存而言，本來是渾然為一，不可分析的（未始有封）；而語言的使用，也都是即當下生活情境的偶然一事一物去活用，當幾而發，過而不留，既指涉了當下的事物，也同時指點了事物所依的道，而並非將活潑潑的生活釘死在定型的概念系統之中（言未始有常）。都是因為人心對語言概念的執著，才變成用概念替代了道，用細密分析而定型不變的模式化秩序替代了不可分析卻流動無方的生活（為是而有畛也，「畛」和「封」都是分界的意思）。於是出現了種種因順習慣而定型的生活模式，如農業社會、工商業社會，儒教生活、基督教生活，大家庭結構、小家庭結構，社會主義與資本主義等等（有左有右，有倫有義，有分有辯，有競有爭，此之謂八德。其實莊子是隨便舉一對對分析性的概念為例，不一定剛好八德，要繼續舉下去也行）。

其實這種種區分也不是不可以，重要在適可而止。例如說：在我們知識範圍以外的世界，我們應該僅原則性肯定有那麼一個世界存在，但對它完全沒有任何認知性的描寫（六合之外，聖人存而不論。「六合」是左右前後上下六方向，亦即指三度空間）。至於在我們知識範疇以內的世界（六合之內），亦即所謂自然世界，我們有資格對它作客觀的認知、如實的紀錄，卻不應該擅發主觀的好惡意見（聖人論而不議，此即價值中立、不涉主觀感情的科學認知活動）。至於由人設計安排創作的世界，即所謂人文社會（春秋經世，先王之志），人才有資格發表意見，但也應該尊重其他人的意見，各尊所聞，彼此分享溝通，而不應該據己之意，強加諸人（聖人議而不辯）。

我們一定要懂得這一層層的分際，運用語言才不會有流弊。也就是說：一切概念分析都要適可而止，分辯到不該分辯時就要停止言說，保留道的實存餘地。但這種時時警覺以善用語言的態度，只有深深明白「言與道詭譎相即」的聖人才做得到；至於一般略有知識的人，總是誇耀自己的知識，無限延伸它的詮釋範圍，以致互相爭辯，傷害整體實存的道或人生而不自知，是多麼可嘆啊！

保留最後的無知，反而更神祕絕美

……夫大道不稱，大辯不言，大仁不仁，大廉不嗛，大勇不忮。道昭而不道，言辯而不及，仁常而不成，廉清而不信，勇忮而不成。五者园而幾向方矣，故知止其所不知，至矣。孰知不言之辯，不道之道？若有能知，此之謂天府。注焉而不滿，酌焉而不竭，而不知其所由來，此之謂葆光。故昔者堯問於舜曰：「我欲伐宗、膾、胥敖，南面而不釋然，其故何也？」舜曰：「夫三子者，猶存乎蓬艾之間，若不釋然，何哉！昔者十日並出，萬物皆照，而況德之進乎日者乎！」

——〈齊物論〉第七段

莊子在申明言語應該通過人適可而止的當幾活用而與道相即為一之後，遂以結論性的筆調宣說真理必然是既在言說之中（有可以用概念指涉的部分，如表象形貌），也同時超越於言說之外（也有不能用概念指涉，只能在語言使用適可而止的剎那予以指點或暗示）。所以說：真正的道有時候是不能用任何的名來指稱的，真正的辯論到必要時是不說的，真正的仁愛也包含不愛，真正的清廉有時也可以分際模糊（「嗛」是崖岸、邊緣之意），真正的勇敢在某種狀況下也可能完全不積極進取。

這意思反過來也可以說：當你把「道」界定得非常明確的時候那已經不是道了，當你把話說得太清楚的時候一定反而遺漏了什麼，當你愛人的表現漸成為固定模式的時候反而不是真愛，當你的操守太過一板一眼的時候反而只是徒具形式的假清廉，當你的企圖心太過旺盛的時候很可能反而是出於貪欲的假進取。像以上列舉的五種品格本來都可以是真實圓融，與生命不隔的，就只因人對語言概念的過度依賴，而變質為不知變通，也傷害生命的教條了！總之，當我們使用語言概念之時，一定要時時警覺，適可而止，保留真理蒼茫無限的實存本質，才是運用語言的最高境界（故知止其所不知，至矣）。但世上有誰真懂得這不言不道、玄默蒼茫的真境界呢？若有人懂就會明白真理果然是永恆無限，就好比是老天爺如大海般的無盡藏，你倒多少水進去它都不會滿溢，你從它那兒舀多少水它也不會枯竭，你無論如何追究都無法把它完全弄明白。我們也許只能用「葆光」這曖曖內含光的意象來揣摩它的深藏與神祕罷！

莊子最後是用一則小故事來為這一段「道之奧祕」作結：有一次，堯帝跟他的大官舜說：「現在天下萬邦都臣服了，可就剩宗、膾、胥敖這三個小邦不服，害我連天子之位都坐得不舒坦，真想出兵去討伐他們。你看我為什麼會有這種心情呢？」舜回答說：「你何必這麼苛求完美呢？其實天下萬邦大體臣服也就夠了！這三個小邦跟全天下比起來，可說是毫不起眼的統計誤差，您又何必計較？古時天上有十個太陽，都只是盡到光照萬物的本分而止，至於萬物是否願意從陰暗處探出頭來接受它的照射，太陽是不計較的。連太陽都懂得盡其在我，尊重他人的道理，何況境界應該比太陽更高的您呢？」

人太常以一己經驗為普世標準了

齧缺問乎王倪曰：「子知物之所同是乎？」曰：「吾惡乎知之！」「子知子之所不知邪？」曰：「吾惡乎知之！」「然則物無知邪？」曰：「吾惡乎知之！雖然，嘗試言之：庸詎知吾所謂知之非不知邪？庸詎知吾所謂不知之非知邪？且吾嘗試問乎女，民濕寢則腰疾偏死，鰌然乎哉？木處則惴慄恂懼，猨猴然乎哉？三者孰知正處？民食芻豢，麋鹿食薦，蝍蛆甘帶，鴟鴉耆鼠，四者孰知正味？猨猵狙以為雌，麋與鹿交，鰌與魚游。毛嬙麗姬，人之所美也；魚見之深入，鳥見之高飛，麋鹿見之決驟，四者孰知天下之正色哉？」

——〈齊物論〉第八段

〈齊物論〉發展到更新的一段，莊子用他千變萬化的神思與妙筆，再一次抒說道與物糾纏在一起的非一非異關係。這次他從「知」切入，說明知有兩層，就是「知道」（知原理原則）與「知物」（知現象事物）。這兩種知性質可是相反的，知物是有知之知（積極認知），知道是無知之知（消極排除可認知的非道部分，最後留下不可認知的道而默會之）。但因為道與物是連為一體的，於是當有人說「知」的時候，我們就會搞不清楚他知的到底是知道還是知物？尤其在論及道的時候，因為道無聲無臭，人們更可能誤物為道，而妄稱知道，卻不知真知道者，應會用

「不知之知」來表示，反而可能會說不知道。當然，這也沒有必然，當誤物為道的人說不知道時，可真是不知「道」的。總之，是否知「道」，其實無法藉語言來判斷，還是只能由每個人誠心自證。

莊子在這一段，是通過齧缺與王倪的問答來展開的。有一次齧缺問王倪：「你知道萬物存在的共同原理（道）嗎？」王倪說：「我怎麼知道？」齧缺不解王倪的語意，就繼續追問：「你的意思是萬物是有其共通原理的，只是你不知道。是嗎？」王倪說：「我怎麼知道？」齧缺更迷糊了，再追問：「那你的意思是說萬物間並無共通的真理，所以你才不知道嗎？」王倪依然給他一樣的回答：「我怎麼知道？」

王倪知道齧缺聽了，一定會一頭霧水，疑惑更深。於是主動為齧缺說明：「好啦！我就試著為你解釋我為什麼都這樣回答你罷！主要是因為當人說『知』的時候，是有『知道』抑『知物』的歧義的。當你問我有關知『道』的問題時，你怎麼知道如果我回答知道，反而可能是表示不知道呢（誤物為道）？或者若我回答說不知道，反而可能是表示知道呢（因道不可知）？就因一般人太容易用一己有限的經驗來衡量是非（亦即誤物為道），卻不知別人也有他不同於你的經驗，於是公說公有理，婆說婆有理，誰說的能作為普遍的標準呢？我們就且舉居處的例子來說罷：人住在潮濕的地方會得風濕病以致腰痛、半身不遂，但魚會嗎？人待在大樹頂會有懼高反應，猿猴會嗎？人、魚、猴的經驗誰的能作居處的普遍標準呢？再舉飲食的例子來說：人吃蔬菜畜牲，鹿吃草，蜈蚣愛吃蛇，老鷹愛吃鼠，該以誰的經驗為準呢？再舉色欲為例來說：猴子跟猴子交配，鹿跟鹿交配，魚跟魚交配才正常呀！像毛嬙、麗姬，是人眼中的大美女，但魚、鳥和鹿見到了都會趕快逃走，又該以誰的經驗為準呢？

疑惑背後的底蘊原來是存在的憂懼

「……自我觀之，仁義之端，是非之塗，樊然殽亂，吾惡能知其辯！」齧缺曰：「子不知利害，則至人固不知利害乎？」王倪曰：「至人神矣！大澤焚而不能熱，河漢沍而不能寒，疾雷破山飄風振海而不能驚。若然者，乘雲氣，騎日月，而遊乎四海之外。死生無變於己，而況利害之端乎！」

——〈齊物論〉第八段

莊子或他的代言人王倪在盛論知「道」（無知之知）與知物（有知之知）的分別與一般人非常容易產生的混淆之後，終於針對當初齧缺無論怎麼問他有關「道」的問題，他都一概用「我怎麼知道？」來回答的疑惑，提出他的結論性解答。

王倪說：「根據我以上的分析，我認為：落到現象界或每個人有限的經驗層次，用人為約定的概念語言去論定什麼是好？什麼是壞？什麼是對？什麼是錯？是完全無效的，只會落得各說各話的紛紜錯亂罷了！我又怎麼知道誰說的對誰說的錯呢？」

但齧缺對王倪的回答顯然是不滿意的，因為他認為王倪沒有體察到他為什麼要問這些問題的動機，原來是深深藏在內心底層的存在憂懼呀！於是他終於以表白這憂懼來反擊齧缺：「你也許是命好，生活一帆風順，所以不了解生命無常，不了解庶民心中深沉的不安全感。但我相信一位有道之士應該是了解的罷！」

其實王倪（或者說莊子）怎麼會不了解這一份生命的實存憂患呢？須知整個道家思潮的興起，就正是為了要消解這生命的負累、無常的不安呀！王倪其實只是太了解一般人都誤從形軀肉身的有限層次去求解答，不知在這裏是永遠找不到答案的；得改從心靈的無限層次去反求諸己，才可能有徹底的解答。換言之，問題核心不在形軀會不會死？（當然一定會死，想從這裏找永恆不死的答案是絕不可能的。）而在心靈怕不怕死？而有道之士之所以有道，正在於他深知形軀雖有限，心靈卻無限，只要不誤執形軀為我，心靈真我本來就永遠不死，常在自由悅樂之中。又怎麼會怕死呢？他事實上早已作好準備，不管死神什麼時候來臨，他都欣然隨緣而化了！王倪於是用詳細描寫至人的自由心境來解齧缺之惑：

「其實對有道之士而言，根本沒有不安全感或實存憂患這個問題。他的心境常在自由之中，不受任何環境變遷的影響。就算火山爆發，湖海燒乾，都不會熱到他；或者溫度遽降，江河結冰，也不會冷到他；乃至天崩地裂，海嘯洶湧，也不會讓他驚恐。修行到像他這種境界，可以說已經能夠超脫一切局限，而自由遨遊於宇宙之中了！連死亡都不足以動搖他的心志，更何況是生活中一些小小的挫折呢！」

當然，以上這一段回答用的是象徵的文學手法，並不是說至人有大神通，在巨大災變中仍能免於難；而是說他心靈的自覺、自由、自信，足以讓他無所掛礙、無所畏懼，遂能無入而不自得罷了！

道不是說理而是體驗

瞿鵲子問乎長梧子曰：「吾聞諸夫子，聖人不從事於務，不就利，不違害，不喜求，不緣道。無謂有謂，有謂無謂，而遊乎塵垢之外。夫子以為孟浪之言，而我以為妙道之行也。吾子以為奚若？」長梧子曰：「是黃帝之所聽熒也，而丘也何足以知之？且女亦太早計，見卵而求時夜，見彈而求鴞炙。予嘗為女妄言之，女以妄聽之：奚旁日月，挾宇宙，為其吻合，置其滑涽，以隸相尊。眾人役役，聖人愚芚，參萬歲而一成純。萬物盡然，而以是相蘊……」

——〈齊物論〉第九段

進行到〈齊物論〉的第九段，莊子又出現了新的代言人長梧子。有一天瞿鵲子去問長梧子說：「我曾經聽孔夫子提過有這麼一種言論：一位有道的聖人是不追求任何外在目標的。他既不趨附對他有利的事，也不逃避對他有害的事；既不順自己的喜歡情緒去求滿足，也不趁機會來時攫取什麼利益。世人不在意的事他同樣尊重，世人刻意標榜的事他也同樣淡然處之，總之他就是超凡脫俗。」

瞿鵲子對這種人生態度，是十分認同的；簡直認為就是世間最高妙的道理；卻不料孔子引述這種言論的目的是為了要批評它空洞不切實際（「孟浪」是漫無邊際的意思）。瞿鵲子不服氣，就來找長梧子評評理，看是孔子對還是他對。卻不想長梧子的回答是雙方各打五十大板，認為他們過或不及，都非中道。長梧子說：「這個道理太高深玄妙了！就連黃帝都會聽得模模糊糊，不甚了了，憑孔丘的微末道行又哪有能力了解？不過我說他錯並不表示你就對。你的問題並不在於不理解、不認同這道理，而在於只在抽象的道理上認同而並沒有在實際的生活中體驗，所以也同樣只是空話，反而掉進孔子『空洞不切實際』的批評之中……」

——關於這一點，長梧子是用「太早計」來針砭瞿鵲子。「太早計」是什麼意思呢？用現代話來說就是「用預期的可能結果來替代真實的結果」，也就是「以為說了就實現了」，卻不知八字還沒一撇，還早得很呢！長梧子也舉了兩個例子來說明「太早計」的意思，其一是才看見雞蛋就以為有雞，（其實蛋還要孵成小雞，小雞還要養大成熟，還早得很哩！）其二是看見彈弓或獵槍就幻想有烤老鷹吃。（有彈弓還得去打獵，獵不獵得到野味還不知道哩！）

那麼瞿鵲子該怎樣修正才不致過猶不及呢？長梧子如此建議：「我隨便說說，你也就姑且聽聽：你何不直接從生活中去體會那與日月宇宙同遊的逍遙境界呢？把種種似是而非的語言理論扔掉（置其滑涽），而平等看待世間的萬事萬物（以隸相尊），這才是與道密合的作法（為其吻合）啊！一般人都在語言文字、枝節瑣事上爭對錯、討生活，聖人是不在這等事上顯聰明的。他全副精神都用在專心仔細去體會參驗實存的生活本身，好領悟生活中分化變異的萬物，其實都互相成全、互相滲透、互相蘊涵為一體（參萬歲而一成純、萬物盡然，而以是相蘊），這才是最重要的事啊！」

人以為的真實其實都是幻夢

……予惡乎知說生之非惑邪？予惡乎知惡死之非弱喪而不知歸者邪？麗之姬，艾封人之子也。晉國之始得之也，涕泣沾襟；及其至於王所，與王同筐牀，食芻豢，而後悔其泣也。予惡乎知夫死者不悔其始之蘄生乎！夢飲酒者，旦而哭泣；夢哭泣者，旦而田獵。方其夢也，不知其夢也。夢之中又占其夢焉，覺而後知其夢也。且有大覺而後知此其大夢也，而愚者自以為覺，竊竊然知之。君乎！牧乎！固哉！

——〈齊物論〉第九段

在〈齊物論〉第九段的開頭，莊子通過長梧子提出一般人在人生觀上的一個謬誤態度，就是「太早計」。這種人生態度之所以謬誤，就在錯把人為設定的、推論的、想像的人生取代了眼前當下真實存在的人生，遂平空生出許多希望、追求、失落、挫敗。這樣的人生，莊子就稱它為「夢」，亦即如夢似幻的虛妄人生。

我們還是藉長梧子跟瞿鵲子的問答展開這一番道理，長梧子繼續說：

對那些正過著歡樂生活的人，我怎麼知道他會不會有一天忽然發現生活原來是如此困惑痛苦？許多人都怕死，但說不定是因為他們從小就迷了路（弱喪），不知道他所怕的死後世界其實是他的老家（歸）。我就舉個例子來說明這個道理罷：麗姬是個大美女，她爸爸是封於艾的大夫。當她被晉獻公看上要娶她為妃的時候，她哭著不肯嫁。但等嫁到晉國，住在王宮，每天和寵愛她的王一起睡大床，吃美食，過著幸福快樂的生活。這時再回想當初的哭著不肯嫁，也不免笑自己真傻！

我們不妨就用麗姬的出嫁比喻生者的就死：你怎麼知道那些生前怕死的人，當他們死後，不會也跟麗姬一樣對當初的貪生怕死失笑呢！

真的，人就是活在一個自以為是的夢中，而不知夢醒後其實可能是另一個不一樣的世界。例如在夢中歡樂飲酒的人，夢醒後才發現自己其實是個不幸的傷心人，所謂歡樂飲酒，全屬虛幻。但你以為此刻的傷心不幸就是真實了嗎？說不定仍是一場幻夢，等你再醒一次，也許會發現你其實並非窮光蛋，而是可以去旅遊打獵的有錢人。但，這就一定是真實了嗎？當人在夢中之時，不知道那是夢，要等醒過來才知道。但夢是一層套一層的，人也就一層層地醒，卻仍是陷在一層層的迷當中。除非人能從有限的經驗中超拔出來，從根源處參透所有的經驗世界，本質上都屬有限，都是變動不居的生命流中的偶然片段。然後人才可能不執著於任何經驗，以為人生就永遠如此；而能不管窮通夭壽，都當幾接納領略，時過便灑然放下。這樣才能享受到活活潑潑，無不真實的人生啊！

但世人卻總是執著眼前所有而自鳴得意，吹噓說他是大老闆（君乎）、CEO（牧乎），卻不知那些全是旋起旋滅的過眼雲煙。可也真是固執得可以啊！

放棄期待就不會失望

……丘也與女，皆夢也；予謂女夢，亦夢也。是其言也，其名為弔詭。萬世之後而一遇大聖，知其解者，是旦暮遇之也。

即使我與若辯矣，若勝我，我不若勝，若果是也，我果非也邪？我勝若，若不吾勝，我果是也，而果非也邪？其或是也，其或非也邪？其俱是也，其俱非也邪？我與若不能相知也。則人固受其黮闇。吾誰使正之？使同乎若者正之？既與若同矣，惡能正之？使同乎我者正之？既同乎我矣，惡能正之？使異乎我與若者正之？既異乎我與若矣，惡能正之？使同乎我與若者正之？既同乎我與若矣，惡能正之？然則我與若與人俱不能相知也，而待彼也邪？

——〈齊物論〉第九段

前文盛論人生活經驗的有限，所以只能當幾領略眼前正發生的生活情境，而不能據此有限經驗去推論未來，平生虛妄的期待。

連同屬自己的生活經驗都尚且如此，就更不必說以自己的人生經驗去推想別人的人生經驗了！由此說來，每個人的人生其實都是如人飲水，冷暖自知。對他人的人生，老實說我們都是無從了解，就更不用說給予評論了！

但如果順這個道理來說，則瞿鵲子對長梧子和孔丘各打五十大板，說他們都不足以知「道」的評論，豈不就自打嘴巴了嗎？

不錯，瞿鵲子對此完全承認，因此他才補充說：我說你和孔丘都活在自己的夢中，其實我說這話也同樣是據我自己的有限經驗來作的評論，也很可能誤解了你和孔丘。所以，我以上跟你說的話，也只是聊抒己見，僅供參考罷了！

既然如此，那瞿鵲子說的話到底有沒有意義呢？也許有，也許沒有。你認定有，也許反而因涉執著而沒有。你認定沒有，也可能同涉執著而為謬見。像這樣兩可不定的存在情境，就稱為「弔詭」。這個玄妙的道理可不好懂，也許千百年間，會有一兩個聖人偶然頓悟罷！

瞿鵲子於是繼續盛論人與人間想通過辯論來找到人生答案之無謂與不可能。他用了一串窮舉法來否證每一種可能情況：就例如讓我和你辯論好了，你辯贏了就能證明你對我錯了嗎？同樣如果我贏了你也不能證明我對你錯。甚至也有可能是我們間總有一個人對一個人錯，或者兩個都對，或者兩個都錯，我們都是無法確知的。這表示人生的存在本質就是無可避免地全受到限制與遮蔽（黮闇，不明也）。對這種各說各話的情況，我們甚至也無法找到一個公正的評審來判定。因為如果他的觀點跟你一樣，他當然會說你對；若跟我一樣則當然會說我對。如果跟你我都不一樣，那他對我們兩個都不了解，又怎能判斷我們誰是誰非？那就找一個立場和你跟我都相同的人來評斷好了！但正因如此他會不懂我們幹嘛要吵架。

總之，在人間不管你跟我還是跟別人，基本上都是不能相知的。所以，我們對別人還有什麼好期待的呢？我們就乾脆死了這條心罷！那與人相處反而不會有什麼誤解和失望。

心中無事便自觸處逢春

……何謂和之以天倪？曰：是不是，然不然。是若果是也，則是之；異乎不是也，亦無辯。然若果然也，則然之；異乎不然也，亦無辯。化聲之相待，若其不相待。和之以天倪，因之以曼衍，所以窮年也。忘年忘義，振於無竟，故寓諸無竟。

——〈齊物論〉第九段

既然人都活在他有限的個人經驗中，或說夢中，而受其遮蔽阻隔，不能跟他人相通；那人與人間的生命交流，豈不就絕無希望了嗎？如果人生的真相果然就是如此，那絕對孤單的人生還有什麼好活的？而歷史上那些心心相印的愛情，相知相惜的友誼，難道都是騙人的嗎？

莊子當然不是這個意思，他之所以作如此極端的論證，其實意在幫大家釐清相知相通的真假。那麼請問假從何來？根本原因就在人用自己有限的經驗去歸納出一些自以為是的道理（如我對你有恩，你就該對我報恩），然後憑這道理去期待、要求，若對方回應不符期待就失望生氣。結果總不免造成別人壓力，也帶給自己煩惱，這不大大違背人我相知相愛的初衷嗎？

所以莊子首先教人放下一切自以為是的預期，於是沒有意也就不會有意外（孔子也說「毋意」），沒有希望也就不會有失望。這樣人際交往就至少可以立於不敗之地：縱然無緣發生正面的相知相愛相信，至少不會有負面的失望受傷怨仇。然後，就靜待正面的相知之緣來臨罷！

當我們作好這樣的心理準備（不相知是正常，相知才是偶然的例外），一個奇妙的相通之緣就可能會發生，那就是：若雙方都有此心理準備，則就算不相知也已經是一種相知了！因為雙方都完全諒解，甚至為這不相知或誤會道歉，那豈不就是一種生命情意的溫暖交流了嗎？這就是所謂「是不是」（把不是的也變成是）、「然不然」（把不然的也轉為然）。當然，如果彼此偶然相會（正如徐志摩的詩句：你我相逢在黑夜的海上，偶爾投影在我的波心……）產生驚鴻一瞥的驚喜，固然好（是若果是也，則是之）；就算無此相遇（例如有人還沒作好這心理準備），也絕無遺憾（異乎不是也，亦無辯）。這就稱為「和之以天倪」。

「和之以天倪」可說是本段的要旨所在，其意略同於第四段的「和之以是非而休乎天鈞」。所謂「天倪」就是指「天鈞在當下顯露的端倪」。天鈞是無形的（如七色在輪盤上快速轉動就化為白色），但會在每一個當下因幾呈現，如何因幾呈現？關鍵就在當事人要懂得放下個人有限經驗的束縛，不預期不強求，而順應時幾，與當下事實相遇的人通情，則每一度乍然相遇，都自有天光雲影之美，人生也自可以觸處逢春了！於是人我間的可能對立，就都被我們當下化解（化聲之相待，若其不相待），一切人間的規範習氣都被放下（忘年忘義）。就能領悟人間本無事（「振於無竟」，「竟」即「境」也，我們原都來自無何有之鄉），我們又何必徒然生事呢？（「寓諸無竟」，還是回歸那無事的境界罷！）

不自由的人竟然還笑別人不自由

罔兩問景曰：「曩子行，今子止；曩子坐，今子起，何其無特操與？」景曰：「吾有待而然者邪！吾所待又有待而然者邪！吾待蛇蚹蜩翼邪？惡識所以然？惡識所以不然？」

——〈齊物論〉第十段

〈齊物論〉進行到此，已至尾聲。回顧前文，前兩段破題。第三段起進入到問題的核心，就是道與言詭譎相即的辯證關係。為了證成這極難言又不得不言的論題，莊子可說是施出了渾身解數，不但多方譬喻，層見疊出；更有時天外飛來，不可思議；尤其用筆靈活，旋說旋掃，根本不給任何把柄讓讀者可捉。到頭來真的是讀完了懂的才懂，不懂的還是不懂。莊子為什麼要弄這玄虛呢？便因道本來不可言說，只能靠每個人自己體會。所有言說因此也只有引動、點明、提醒的功能，所以要說得適可而止，才能把領悟的機緣適時交還給讀者。這時你若懂，才是你自己懂的；若不懂，則是機緣未至，便最好坦承未懂，而將這一次的機會即時放下，以待來茲，而不要不懂裝懂，便反而把以後懂的可能機緣堵死了！這一點苦心與微意，讀者一定要善加體會才好。

不過〈齊物論〉從三到九段的大餐吃完了，不管消不消化，莊子最後還是端出兩碟小點心，輕鬆溫柔地說兩個小寓言給讀者聽，意思好像是說：不管有懂沒懂，都別緊張，就先放下罷！

第一個寓言是影子和影子的影子（罔兩）的對話。什麼叫影子的影子呢？我們不妨就用簡單的物理學來說明：某一物件（例如籃球）在光源下的影子，中間是全暗的，稱為「本影」，因為在這裏所有光都被球體遮住了。但在邊緣那一圈卻是淡淡的不全黑也不全白，則稱為「半影」，乃因光源的上下緣分別照被照物體的上下緣，都只有部分的光被遮住。這一圈因為在本影的外緣，很像依附於影子而成為影子的影子。又因為模模糊糊的，所以稱為「罔兩」。

有一次，半影問本影說：「你剛才在行走，現在卻止步了！你本來是坐著，後來又站起來。你怎麼變來變去，這麼沒個性（特操，獨立的操守、特定的模式）呀？」本影回答他說：「那是因為我是別人的影子，他走我就得走，他止步我就得止步呀！不過我依附的主人其實也是另一個更大主人的影子。從我的立場看好像他是自由的，其實他又何嘗能作主呢？就好比我是蛇脫的皮、蟬脫的殼的影子，而蛇皮蟬殼也不過是它們主人的遺蛻罷了！總之這世上到底誰是誰的影子？誰是影子誰不是影子？誰自由誰不自由？哪裏有這麼容易弄明白呀？」

真的，若先從形軀看，萬物是互相依存而成為一大生態系與食物鍊的，根本無獨立性可言，而可直稱為「有限性」。人的自由（無限性）其實在心而不在身。但世人卻常執有限形軀為我，自以為自由（就像罔兩譏笑影不自由，不知自己比影子更不自由），是何等無知與可悲呀！

是莊周還是蝴蝶在作夢？

昔者莊周夢為胡蝶，栩栩然胡蝶也，自喻適志與！不知周也。俄然覺，則蘧蘧然周也。不知周之夢為胡蝶與？胡蝶之夢為周與？周與胡蝶，則必有分矣。此之謂物化。

——〈齊物論〉第十一段

這是〈齊物論〉的最後一段，也是莊子書中最著名又最美麗的一則寓言。用這麼美妙的寓言作結，會使得整篇〈齊物論〉都頓時美麗起來，輕妙起來，讓人渾然忘記前文的艱深難解了！莊子可真是聰明善於把負擔困結輕輕化解呀！

有一次，莊周夢見自己變成一隻蝴蝶，翩翩然飛來飛去，簡直就真是一隻活生生的蝴蝶；他自己主觀上也覺得非常舒服自在，完全忘了自己原來是莊周。

但才過了一會兒，他夢醒了！卻發現自己不是蝴蝶，而是清清楚楚的莊周！

但這一下子，卻連他自己都搞糊塗了，不知道自己到底是誰？在過去的這段時間，到底是莊周夢見自己變成蝴蝶呢？還是蝴蝶夢見自己變成莊周？莊周和蝴蝶分明是不一樣的，但誰才是真實的主體或者作夢者？誰又是虛假的幻相或者夢境？卻不容易搞清楚呀！

這就是「物化」的道理。

在上面的譯文，我故意先不把「物化」的涵義翻譯出來，是為了要把這段話裏面的疑點先予以釐清，以順利引導出「物化」的正解。

這疑點是什麼呢？就是「主體到底是誰？」我曾經屢次在課堂上講到這一段時，問學生到底是莊子在作夢夢到蝴蝶呢？還是蝴蝶在作夢夢到莊子？結果幾十年來從無例外，都是舉手贊成莊子在作夢的居多。

其實真正的作夢者既非莊周，也不是蝴蝶，而是「道」或永恆的生命自身。莊周與蝴蝶其實都只是唯一的生命主體因應不同的環境變遷而顯現出來的暫時表相罷了！就如我們每天以同一個自我，當上班時扮演專業人員，下班回到家，進父母房請安時扮演兒子，見到孩子扮演父親，面對妻子又扮演丈夫……所有這些角色扮演、暫時身分，都是如夢之假，我才是唯一主體。這唯一主體甚至還可以擴大上推到「道」，於是世間萬象便都只是道的臨時分化，為馬為牛，各有所當，或顯為莊周或顯為蝴蝶，也各隨其緣罷了！這就是所謂物化，也就是隨緣變遷，與時俱化的意思。

但一般人若沒有這一番根本察覺，卻很容易誤把眼前所扮演的角色視為真我，遂對它的有限與易變感到惶恐，盡力想保持它的存在，於是從戀棧到怕死，種種病痛便層出不窮了！整篇〈齊物論〉乃至整部《莊子》，不正是苦口婆心，都無非在講明這個道理，好幫助人化假存真嗎？

至於多半學生不免會偏認是莊子在作夢，不正因仍不免用自己的有限經驗去推想之故嗎？（蝴蝶會作夢？太扯了吧！）僅此一端，便知要破除成見，得證真道，有多不容易了！

卷四　人間世

凡事都當先安內後攘外

顏回見仲尼，請行。曰：「奚之？」曰：「將之衛。」曰：「奚為焉？」曰：「回聞衛君，其年壯，其行獨，輕用其國，而不見其過。輕用民死，死者以國量乎澤若蕉。民其無如矣。回嘗聞之夫子曰：『治國去之，亂國就之。醫門多疾。』願以所聞思其則，庶幾其國有瘳乎！」仲尼曰：「譆，若殆往而刑耳。夫道不欲雜，雜則多，多則擾，擾則憂，憂則不救。古之至人，先存諸己，而後存諸人。所存於己者未定，何暇至於暴人之所行……

——〈人間世〉第一段

討論過《莊子》最重要的〈逍遙遊〉、〈養生主〉、〈齊物論〉三篇。我們現在所謂「人間世」，指的就是人文社會的生活。這有別於自然世界純只是自然律的運行，而更多了種種人為的內涵與痕跡。如社會政治家庭制度的運作，其中更蘊涵了人的理想或野心，愛或恨、情或仇等等，而遠比自然世界複雜、幽深、奇詭。人處其中，遂更容易蒙受種種身心的傷害。然則從道家、莊子的觀點，要如何看待這人間世的生活，庶幾能免於危害，且依然能自由自在呢？

莊子首先設計了一番顏回與孔子的對話，來點出處理人間紛擾的核心工夫：

有一次，顏回去見他的老師孔子，原來是要跟孔子辭行。孔子就問他要去哪裏？顏回說準備去衛國。孔子問去衛國做什麼？顏回說：「我聽說衛國的國君，年紀輕，精力旺盛，施政卻常一意孤行，常常輕率耗用國家資源，卻從來不反省自己的過錯，也不疼惜人民因他而起的犧牲。因此國人死亡的就像沼澤中的枯草一樣多，衛國的人民已經受不了了！我以前曾經聽老師說過：『做一個君子，應該不要待在人人安居樂業的國度，而要奔赴到動亂的國度去為苦難的人民服務，就像良醫的門庭總聚集許多病患一樣。』所以這一次我也希望憑著平時跟老師學到的學問，去衛國幫他們想方設法，說不定能讓衛國的沉疴獲得療癒呢！」

卻不料孔子聽了，嘆口氣說：「唉呀！你這樣冒冒失失去想幫別人，我卻擔心你會惹來對自己的傷害。你首先要明白：一切如理合道的事本質上都是單純統整的，所以我們絕不能用與單純統整相反的駁雜之道去處理。因為像衛國目前的狀況已經夠雜亂了，你若還用複雜的技術性作為去救治，那不是雜上加雜嗎？這樣只會徒然造成更多的矛盾紛擾，而帶給你更多的煩憂。而當人心陷於憂煩之中，是完全沒有能力去解決任何問題的。所以一個有道之士，在要去為別人解決紛亂的難題之前，一定要先把自己的身心安頓好。如果連自己的心都還定不住以致不免情緒動盪憂疑不安，你又有什麼資格去和一個暴君打交道呢？」

莊子藉孔子之口，點出處事應當先安內，後攘外。安心的工夫是必要而優先的。理由何在？且待下回分解。

知識名分成為傷害生命的凶器

……且若亦知夫德之所蕩，而知之所為出乎哉？德蕩乎名，知出乎爭。名也者，相札也；知也者，爭之器也。二者凶器，非所以盡行也。

且德厚信矼，未達人氣，名聞不爭，未達人心；而強以仁義繩墨之言術暴人之前者，是以人惡有其美也，命之曰菑人。菑人者，人必反菑之，若殆為人菑夫！

——〈人間世〉第一段

上文提到顏回想去衛國拯救人民於暴君荼毒之中，孔子告誡他一定要先安頓好自己的心，讓生命純而不雜（先存諸己），然後才有資格有能力去幫助別人，尤其是幫助衛君不再作暴君（而後存諸人）。

為什麼要先存諸己呢？就因生命（德）進入到權力鬥爭的場域，一不小心就會被感染、被捲入對立傾軋的漩渦。結果不但救不了別人，反而把自己也賠上。因此孔子告誡顏回說：

再進一步；你知道人單純的生命本質是因何流失，而人間種種知識機巧、權謀運作又是怎麼出現的嗎？都是由於人一旦有了爭勝負之心，就會發展出種種爭勝的工具（凶器、知），也必然形成種種機制，分裂為敵對的黨派（名）。而人為求自保，也只好選擇加入某一邊陣營，於是自由單純的自我生命就變成色彩鮮明的組織角色，與對方壁壘分明，對立相持了！所以名（角色標籤）與知（知識機制）都是只會讓生命受傷的工具，而不能有助於生命自由的實現（盡行）。

而且，就算你懂得這個道理，也認真修養自己的生命，讓生命底子純厚（德厚），信念堅定（信矼，矼是堅實的意思），雖有名聲也能警惕收斂，不與人爭。但只要你這樣的生命品質還沒能熨貼對方的人情，感染對方的心志，他還是會一視同仁地以敵意對待你。結果你所有的善意（仁義），所有的忠言（繩墨，本是木匠畫直線的工具，引申為法則之意），都會被他看作是自我標榜炫耀、貶抑他人的表現（「術」為「衒」之誤，「衒」又通炫，炫耀的意思），他因而討厭你的善意忠言，把你所有的美德都解釋為優越感，所有的善行都解釋為對他的迫害（菑，災也）。於是也給你貼上個「菑人」（壞人、害人精）的標籤。當你被歸類為迫害者，人家順著自我防衛的本能，當然會以牙還牙來迫害你（人必反菑之）。所以，你如果沒有準備好就輕率去衛國，我看你恐怕很難避免被害罷！

以上就是孔子對人間局勢的初步概略分析。在此有一項須注意的疑點，就是「名」與「知」就其存在本質而言，其實是中性的，是好是壞全看人以怎樣的存心動機去使用它們，所謂「水能載舟，亦能覆舟」。但在大動亂的世代，修心養性者少，逐利弄權者多，於是名與知被誤用的機率就更高，更易成為傷生害性的凶器了！莊子所處正是如此一個大亂之世，所以立言重心才會偏向負面的告誡罷！

在體制壓力下連聖人都難逃

……且苟為悅賢而惡不肖，惡用而求有以異？若唯無詔，王公必將乘人而鬭其捷。而目將熒之，而色將平之，口將營之，容將形之，心且成之。是以火救火，以水救水，名之曰益多，順始無窮。若殆以不信厚言，必死於暴人之前矣！且昔者桀殺關龍逢，紂殺王子比干，是皆脩其身以下傴拊人之民，以下拂其上者也，故其君因其脩以擠之。是好名者也。昔者堯攻叢枝、胥敖，禹攻有扈，國為虛厲，身為刑戮，其用兵不止，其求實無已。是皆求名實者也，而獨不聞之乎？名實者，聖人之所不能勝也，而況若乎！——〈人間世〉第一段

莊子在提出「名」與「知」已成為人間相爭的工具，因此用名與知去遊說有權力者自然非常危險之後，繼續描寫在這過程中的凶險之狀：

再說，如果你準備去遊說的王公大人是一個敬愛賢人、討厭壞蛋的人，哪裏還需要你去勸告？所以你面對獨夫暴君，不進盡忠言也就罷了！你一旦有所勸說，他一定會也拿出他的威權來跟你抗衡（鬭其捷），好騎到你頭上（乘人）。在這威權的壓力下，你的眼睛恐怕會失去自信的光采，臉色也會變為柔和，口條也會變得囁嚅不暢，乃至你所有的表現都不知不覺在附和他，最後你甚至會連想法都改變而贊成他了！這不是在火上加油，在淹水處再灌水嗎？這就叫做助紂為

虐，而且還會順著這已成的態勢不斷惡化下去哩！如果事實真的按照我以上所說的發展，那你這次去衛國，恐怕不免就因為你對一個還不夠信任你的君王提出嚴厲的忠告，而被暴君所殺害罷！

我不妨再舉一些歷史上的事例來佐證這道理：你知道夏桀王殺了忠臣關龍逢，商紂王殺了他的叔父比干，是因為什麼緣故嗎？就全是因為他們修身愛民，卻因此無可避免地站在人民的立場去違逆君王的私意。所以惹來君王的恚怒而排擠他們。換言之，他們正是因為有好的德行和名聲而招來殺身之禍的，這就是過度依仗名聲（好名）而不懂得隨機善用所致。

我再舉一些歷史事例來補充說明罷：不要說桀、紂這種暴君了，就連聖君也不能避免殺戮呢！例如堯帝曾經攻伐叢枝、胥敖等小國，禹帝也曾攻伐扈國。當時戰況慘烈到都城都成為廢墟（虛同墟），居民都成為刀下鬼（厲就是鬼），國君也都被關被殺。為什麼連聖王都不免用兵不止呢？就因他們身為政治領袖，就必須去履行領袖的職責啊！原來人只要納入體制，擁有怎樣的名位（名），就必然附帶有相當的權責（實），逼著人非得去執行不可（求名實）。你難道不明白嗎？「循名責實」這種體制運作的壓力，是連聖王都沒辦法避免的。何況你只是一名小小的說客，又怎能逃得過被體制所傷害呢！

遊說暴人不能用磨鏡法

「……雖然，若必有以也，嘗以語我來！」顏回曰：「端而虛，勉而一，則可乎？」曰：「惡！惡可！夫以陽為充，孔揚，采色不定，常人之所不違，因案人之所感，以求容與其心。名之曰日漸之德不成，而況大德乎！將執而不化，外合而內不訾，其庸詎可乎！」

——〈人間世〉第一段

前文談到顏回準備去衛國見衛君，想為衛國苦難的人民請命，出發前來跟老師孔子辭行，卻不料被孔子切切實實地教訓了一頓。孔子的教訓，主要在提醒顏淵：你在從事任何遊說行動之前，得先做好充分的心理建設，讓自己立於不敗之地，即所謂「先存諸己，而後存諸人。」否則，所有行動所必然涉及的言語、知識、立場、策略（名與知），都難免成為傷人傷己的凶器。結果不但沒能拯救衛國苦難中的人民，甚至會連自己的性命也賠了進去，這不是大大違背你前往衛國的初衷嗎？

當然，顏回也不是魯莽的人，既然敢去，也一定深思熟慮過。於是孔子話鋒一轉，也回過頭來給顏回一個申訴的餘地。孔子說：「雖然我跟你說了這麼一番原則性的大道理，但你想必也有你自己準備好的方案（『有以』之『以』是憑藉的意思），何不也試著跟我說一說呢！（『嘗以語我來』，『來』是『哉』的假借字）。」

於是顏回大膽提出他準備好的第一個方案：「我準備用謹慎謙虛的態度（端而虛），持之以恆地勸說（勉而一），老師認為會有效嗎？」這個辦法不妨稱為「磨鏡法」，就是用柔婉不冒犯人的水磨功，希望慢慢地、不著痕跡地將正理滲透進衛君的心裏，那麼水滴石穿，總有一天會量變導致質變罷！

但這方案立刻被孔子打了回票：「唉呀！這辦法怎麼行呢？你要知道你遊說的對象不是普通人，而是個精力飽滿（以陽為充），絲毫不掩飾情緒（『孔』是『甚』的意思，『孔揚』即『非常顯露於外』也），而又喜怒無常（采色不定）的人。他的意志一般人都是不敢違抗的，因為任何人想要影響他（感化、感召、感染），都會被他壓抑（『案』即『按』，按捺、壓抑之意），好稱他的心快他的意（『容與』，自得也）。你想用這種溫柔敦厚的作法去達到目的是不可能的，即使想讓衛君養成一些生活上的好習慣（日漸之德）都不可能成功，何況是要他全盤改變他的施政方式（大德）呢！他恐怕只會順著既成的慣性，更加固執不知變通罷！他表面上也許會虛情假意地應付你一下（外合），但內心是一點兒也不會反省自責的（內不訾，訾是訾議、反省之意）。所以，這怎麼能算是個好方案呢？」

原來，循循善誘、潛移默化的水磨功、磨鏡法，只能對純樸的人如兒童有效，對驕狂自大、盛氣凌人的暴君是沒用的。顏回的第一方案被老師打了回票，只好再端出他的第二方案：包裝法。什麼是包裝法？且聽下回分解。

改用包裝法也不會有效

……「然則我內直而外曲，成而上比。內直者，與天為徒。與天為徒者，知天子之與己皆天之所子，而獨以己言蘄乎而人善之，蘄乎而人不善之邪？若然者，人謂之童子，是之謂與天為徒。外曲者，與人之為徒也。擎跽曲拳，人臣之禮也，人皆為之，吾敢不為邪？為人之所為者，人亦無疵焉，是之謂與人為徒。成而上比者，與古為徒。其言雖教，謫之實也。古之有也，非吾有也。若然者，雖直而不病，是之謂與古為徒。若是則可乎？」仲尼曰：「惡！惡可？太多政，法而不諜，雖固亦無罪。雖然，止是耳矣，夫胡可以及化？猶師心者也。」

——〈人間世〉第一段

顏回提出的第一套方案：「磨鏡法」，被孔老師打了回票，遂提出他準備好的第二套方案：「包裝法」。

何謂包裝法呢？它可比磨鏡法複雜多了，首先，它在步驟上就分三層：第一層叫做「內直」，也就是「與天為徒」。這是在自己的心理層面先打好底，就是肯認眾生平等，對方雖然在表相上是個暴君，但回到人性根源，卻和自己同樣都蒙受上天的垂憐。所以自己的意見也只是姑妄言之，不要預期對方一定會接納。這樣，就算他不認同我所說的，也會認為我童言無忌，不致放在心上。就因他先感受到我對他毫無惡意，所以他也不會有壓力啊！

第二層叫做「外曲」，也就是「與人為徒」。這是說衛君雖然先天的本性不壞，但在現實上卻還是高高在上的暴君啊！你一不小心就可能會冒犯了他而惹來殺身之禍。那怎麼辦呢？就是要謹守人臣之禮，上朝時執笏（擎）、長跪（跽）、鞠躬（曲）、抱拳（拳），都不可少，因為所有臣下都是這麼做的，我又哪敢不照做呢？這樣恪遵禮節，讓君王無可挑剔，自然可保安全。

至於第三層，叫做「成而上比」，也就是「與古為徒」。前兩層可說都是為「進盡忠言」先做好保全的準備，在這基礎上去進諫言風險就低多了！但即使做好萬全的布置，忠言畢竟還是逆耳的，會不會最後仍不免觸怒對方而功虧一簣呢？因此最後一個步驟仍須謹慎，那就是不能直說，而要借古諷今，意在言外。這樣雖然說的話的確意在規勸對方，但我所說的都不是我的話，而都是引古人的話。這樣我雖然把內心的意見坦白說了，卻不致冒犯對方。老師您看我這套方案可行嗎？

但孔子卻再度打了回票，孔子說：你這套方案太複雜了（太多政），雖然大致不錯（法），卻很難奏效（諜，通達也）。你這樣辛苦做來，頂多是可以保住了自己不致被害罷了！至於要進一步改變對方（化），又哪有可能呢？就因你這方案仍屬人為的設計（師心），而未能達到自然的境界啊！

那顏回到底要怎麼做才對呢？孔子又會給顏回怎麼樣的建議呢？且待下回分解。

溝通之道首重存心清淨

……顏回曰：「吾無以進矣！敢問其方。」仲尼曰：「齋，吾將語若！有而為之，其易邪？易之者，皞天不宜。」顏回曰：「回之家貧，唯不飲酒不茹葷者數月矣。若此，則可以為齋乎？」曰：「是祭祀之齋，非心齋也。」回曰：「敢問心齋？」仲尼曰：「若一志，無聽之以耳而聽之以心，無聽之以心而聽之以氣。聽止於耳，心止於符。氣也者，虛而待物者也。唯道集虛，虛者，心齋也。」

——〈人間世〉第一段

當兩個遊說衛君的方案都被老師打了回票之後，顏回已經沒有其他腹案了，只好跟孔子說：「我已經沒有更好的辦法了，請教老師該怎麼做才對呢？」孔子說：「那你得先清淨自己，我才好告訴你。因為立了個心想去救人，哪裏會是一件容易的事呢？如果以這樣輕慢的態度去從事，一定會招來老天爺的報應。」顏回說：「我因為家境貧寒，已經好幾個月沒喝酒也沒吃重口味的食物了，這樣可以算清淨了嗎？」孔子說：「那只是參與祭祀前的淨身儀式，我說的是存心的清淨。」顏回說：「請問存心清淨是什麼意思呢？」

莊子於是藉孔子之口，提出了道家修養的無上心法：「心齋」。但心齋是什麼意思呢？不但顏回好奇，也是所有讀莊子書、想掌握道家義理精髓的人不能不了解的核心問題。孔子於是提出一個自末而本，逐步提升的三層次架構來回答。這三層統言之是「一若志」（原文「若一志」，疑倒），就是「專一凝聚你的心志」，也就是〈逍遙遊〉說的「其神凝」（一點凝聚的心神）。但就工夫修為而言，則可以分為三層、兩階段。第一階段是「無聽之以耳而聽之以心」，也就是要從第一層：純靠末稍神經（耳、目）去跟外界作純資訊的來往，提升到第二層：藉中樞神經的大腦（此處之心實指大腦）對資訊作基礎處理（如歸類編輯等文書處理）後與外界作知識性的交流。這樣，人際來往才不會是雜亂、浮泛、隨機，而是有條理、有內容、有意義的。

第二階段則是「無聽之以心而聽之以氣」，也就是要從第二層更提升到第三層：藉著生命敏銳而微妙的感應，去和他人作生命感情的溝通。原來知識是中性的，用得是否適時適地以產生溝通的效果而非反生誤解，還需要有一份清淨空明而無成見無執著的心才行。這當然要有一番損之又損、清除習氣成見意識型態的淨心工夫，這工夫就稱為心齋。換言之，也就是要氣（虛靜心）、心（大腦）、耳（感官）三層各安其位！耳目只管接收資訊，大腦只管對接收到的資訊作如分的整理，不添加私意以凝為成見（心止於符），至於真正作主的心（不是儒家主創造的道德心而是道家主感應的虛靜心），則是虛懷待物，以便與外界無縫接軌。這才能符合自然之道，才能藉一次次的虛懷待物經驗凝聚起這個純虛之心（集虛），這樣一種虛而又虛的工夫，就稱為心齋。

憑虛靈真心感應萬物

……顏回曰：「回之未始得使，實自回也；得使之也，未始有回也。可謂虛乎？」夫子曰：「盡矣！吾語若：若能入遊其樊而無感其名，入則鳴，不入則止。無門無毒，一宅而寓於不得已，則幾矣。絕跡易，無行地難。為人使易以偽；為天使難以偽。聞以有翼飛者矣，未聞以无翼飛者也；聞以有知知者矣，未聞以無知知者也。瞻彼闋者，虛室生白，吉祥止止。夫且不止，是之謂坐馳。夫徇耳目內通而外於心知，鬼神將來舍，而況人乎！是萬物之化也，禹、舜之所紐也，伏戲几蘧之所行終，而況散焉者乎！」

——〈人間世〉第一段

孔子對顏回清楚解釋了心齋的淨心工夫之後，顏回真不愧是孔門第一高弟，道家也最引為同道的孔門人物，他立刻就懂了，然後就以他的領會來回應孔子：「心齋的意思是否就是：當我還沒出使到衛國，的確心裏有起了個去衛國遊說衛君善待百姓的念頭（因為若無此念，怎麼可能成行？）。但當我果然據此念而動身之後，我就已把這念頭完全放下了（以免留著這念頭，反構成目的性的執著與干擾）。這樣可以算是虛以待物嗎？」

孔子聽了，不由得衷心稱讚：「你這樣詮釋心齋真是太好了！我跟你說：如果你能事實上穿透衛君的自我防衛網而進入到他的生命內部（入遊其樊），而完全不被任何意念成見所干擾，你就真做到隨機應變：能說得進話時才說話，說不進時就不說。讓人我關係既沒有疏漏（無門，門就是縫隙），也沒有堵塞（無毒，毒通壔，烽火台也，引申為堵塞義），所有言行的抉擇（一宅，宅當動詞，定位的意思，即擇其所處也）都恰到好處（不得已，即只能如此，如此最恰當的意思）。能做到這種地步，也就差不多達到完美（幾，幾於道也）了！

要知道，不走路還算容易的（絕跡易），走路而不顯走路相才難（無行地難，即完全自然不著跡也）。依人為的概念模式去執行（為人使）容易表面合理但事實上沒用（易以偽），要感應生命當下實存的情境去行動（為天使）才能真正有效（難以偽）。一般都以為飛行要靠翅膀，卻不知飛而無飛相才最高明。一般人都習慣靠知識去掌控人生各種事務（第二個「知」是掌控義），卻不知放下對知識的執著，憑生命實存的感應去活用知識，才是對人生事務的最佳掌控。這就要靠心齋的工夫讓心完全虛靜空靈才行。就好像房屋都要開個窗讓光透進來（闋，門窗也；虛室生白，室有虛窗才能透光也）才好（吉祥才能蒞止，第二個止字是虛字無義）。我們人生也一樣，如果不能讓光明進駐，就一定會被種種習氣慣性扯著走（坐馳，當下順現成習慣往前滾動也）。所以我們要放下對所有感官的依賴（徇耳目、外心知）而往內部找到那善於感應萬物的真心（內通）。這樣連鬼神都會來相感應，何況是人呢？這一點善感應的虛靈真心，就是道，就是萬化的根源，就是歷代聖人禹舜所以能成為禹舜的關鍵，庖犧、几蘧所以能成為庖犧、几蘧的終極根據。連聖王都要靠這一點虛靈真心才能成立，何況我們芸芸眾生呢（散焉者）！

心理比實務上的危難更嚴重

葉公子高將使於齊，問於仲尼曰：「王使諸梁也甚重，齊之待使者，蓋將甚敬而不急。匹夫猶未可動，而況諸侯乎！吾甚慄之。子嘗語諸梁也曰：『凡事若小若大，寡不道以懽成。事若不成，則必有人道之患；事若成，則必有陰陽之患。若成若不成而無後患者，唯有德者能之。』吾食也執粗而不臧，爨無欲清之人。今吾朝受命而夕飲冰，我其內熱與！吾未至乎事之情，而既有陰陽之患矣；事若不成，必有人道之患，是兩也。為人臣者不足以任之，子其有以語我來！」

——〈人間世〉第二段

我們欣賞完〈人間世〉非常長而豐盛的第一段，現在要進到第二段了！這依然是一個出使大國，要說服強人的艱難任務，只是出使者由顏回改成葉公子高（名諸梁）罷了！不過他們求教的對象也還是孔子，大概是因為談到人際關係與政治，總跟儒家比較接近罷！當然這也表示儒道兩家本有可通之處。

葉國的公子名諸梁字高，將被派任出使到齊國，臨行去跟孔子求教：「我們葉國的王派我去齊國，其實是有很高期待的（因為弱國難免有求於強國）。但齊王對待來使，大概會禮數周到卻不急於進入正題。您知道：連說動一個平民都不容易，何況是遊說位高權重的王侯呢！所以對這次任務我非常擔心。我記得您以前也曾告訴過我說：『關於從事公務、政事，不管大小，很少不是做著做著就做出紕漏來的（「懽」，憂也）。例如任務若沒有達成，回來一定會受到律法的懲處。就算任務圓滿達成，執行者也難免在工作壓力下去了半條命。要不管任務能否達成都可以不留下後患，只有修養深厚的人才辦得到。』我雖不敢說修養深厚，但平常好歹也算注意生活。吃的多半是自然、有機食物，很少吃精緻加工食物，精神上也常以虛靜寡欲自持。但試看這兩天遇事的反應：我才不過在早上接受了這個任務，晚上回家就燥熱得要吃冰品才靜得下來。這兩天天氣並不熱，我的燥熱感恐怕是來自內心的恐懼矛盾失衡罷！您看：我的任務根本一步都還沒走哩！（『情』，實也。『事之情』即『事之實』；亦即：任務還只有一個名目罷了！還沒落實到具體事務之上。）就已經影響到身體健康了！如果到最後任務還是沒達成，那回國之後一定免不了受到刑罰，這豈不是兩種後患都兼有了嗎？面臨這樣凶險的處境，我這每個身為臣子的人真的是不曉得該怎麼辦了！所以只好來向您求救，您有什麼法子可以告訴我嗎？」（「來」即「哉」的通假字。）

比起顏回的去見衛君，葉公子高的處境似乎是更艱難凶險了！但兩者的差別何在呢？主要就在顏回是自己要去的，所以他面對的只是客觀實務上的難題。而葉公子高卻是身不由己被派去的，所以除了客觀的難題，更有他主觀上心理的艱險，這就是「恐懼」（慄）。而心理上的問題其實比實務問題更嚴重更迫切，所以孔子的解題法也就不一樣。孔子會怎樣解公子高之危呢？且聽下回分解。

全盤接納不逃避反而可以安心

……仲尼曰：「天下有大戒二：其一命也，其一義也。子之愛親，命也，不可解於心；臣之事君，義也，無適而非君也；無所逃於天地之間，是之謂大戒。是以夫事其親者，不擇地而安之，孝之至也；夫事其君者，不擇事而安之，忠之盛也。自事其心者，哀樂不易施乎前，知其不可奈何而安之若命，德之至也。為人臣子者，固有所不得已。行事之情而忘其身，何暇至於悅生而惡死？夫子其行可矣！」

——〈人間世〉第二段

前文提到葉公子高為了奉派出使齊國而內心惶恐，特來向孔子求教。孔子會怎樣回應他呢？有趣的是孔子並不像一般道家式的回應法，就是叫人看淡名利，看輕世務；反而是勸勉葉公子高要「捨命陪君子」，孔子說：

「人生於世，有兩項無法跨越的限制，其一就是自然感情，其二就是人文規範。前者如子女照顧父母，那份掛心是無法割捨的。後者如人臣事奉君主，只要你生活在國法的管轄之下，就無法不受它的約束（『適』，往也，『無適而非君』，不管到哪裏都仍在國君統治之下的意思）。正因為這兩項都是人逃不掉的責任，所以稱為『大戒』。既然逃不掉，那不如就乾脆全盤接納罷！所以身為子女的人，對事奉父母的諸般事宜是全盤承擔，絲毫不起逃避之念的，這才算是克盡孝道。同樣，身為臣子的人，對長上指派的任務，也是全盤接受，全力以赴，毫不遲疑，這也才算是克盡忠道。

「原來忠孝之道，重點不在事情是否辦得好，而在心態上（自事其心）的全盤接納，毫不逃避。當人心完全不起貪瞋痴、沒有意必固我，自然就不會有任何的情緒動盪、危疑憂懼了！也就是說：當人看清楚這是無法逃避的事，就不如認命安分地全盤接納，這正是身心修養的最高境界啊！所以你既然身為人臣，當然就難免有無法抗拒的任務。既然遇到了，就該按照任務的內容（事之情）全力以赴，哪裏還有閒工夫去計較生死利害，妄想逃避危難呢？所以別再三心兩意了！趕快去準備起程罷！」

讀者一定會好奇：身為道家巨擘的莊子，怎麼會提出這麼儒家的意見呢？（雖然是假借孔子之口）簡直跟忠君到無怨無悔的屈原差不多了！

這就是儒道兩家相反相成的弔詭。其間幾微之差，就在對所謂盡孝盡忠的「盡」，兩家的詮釋重心有些不同。道家的盡心（或說「自事其心」）、安心，重在藉毫不揀擇、全盤接納事實（包括命與義）的安排，以獲致情緒的安穩、不受打擊。儒家的盡心安心，則重在盡可能發揮自己的創造力，以求人性內在的道德理想的實現。

當然，兩者其實是一體的兩面：情緒安穩不受打擊，才真能無私且有效地去實現理想；也只有朝著人性無私的理想前進，才真能獲致情緒的安穩不受打擊。所以我們才說儒道之理是可以相通的，只是著重點各有不同罷了！

莊子也懂辦外交的竅門

「……丘請復以所聞：凡交近則必相靡以信，遠則必忠之以言，言必或傳之。夫傳兩喜兩怒之言，天下之難者也。夫兩喜必多溢美之言，兩怒必多溢惡之言。凡溢之類妄，妄則其信之也莫，莫則傳言者殃。故法言曰：『傳其常情，無傳其溢言，則幾乎全。』且以巧鬬力者，始乎陽，常卒乎陰，大至則多奇巧；以禮飲酒者，始乎治，常卒乎亂，大至則多奇樂。凡事亦然。始乎諒，常卒乎鄙；其作始也簡，其將畢也必巨。……」——〈人間世〉第二段

孔子在討論過事親、事君的基本態度，也就是不擇地而安、不擇事而安這「全盤接納」的存心之後，才進一步討論有關外交事務的技術問題。

外交事務的最普遍課題是什麼呢？就是在兩國領袖之間來回傳話。要知道這不是情人間談情說愛，不是朋友間討論事理或閒話家常，而大抵都涉及雙方的利益、國家的尊嚴以及領袖們的私心與恩怨。表面上要維持禮儀客氣，骨子裏其實各有盤算。表裏的落差如何兼顧平衡，就是外交人員普遍的難題。針對這一點，孔子剴切地說：

「外交的通則，總是對相近的鄰國要靠現實的利益交換來建立互相的信賴，對遠方的國家則相對更要靠美言來維繫邦交。涉及利益難免會討價還價而產生摩擦與怨怒的情緒，而空泛的美言

則可能引生雙方的浪漫期待。外交人員要負責傳達這種雙方都帶有怨怒之情或浪漫期待的話是最難的。因為這種帶有正面或負面情緒的話都難免過分（溢美或溢惡）而成為不具實質意義的空話（妄）。外交人員如果把這些話一字不改，如實傳譯，一定會引生雙方領袖的誤會與懷疑（「信之也莫」，即莫信、不信也），最後一定會把外交不成功的帳都算在傳話者的頭上，這負責傳話的外交人員就要倒楣了。

「所以外交事務的教戰守則上才會如此告誡：『傳話時要記得只傳達雙方領袖的合理意見（常情），而不要把他們加鹽添醋的情緒語言也照樣傳達。這樣就算談判沒有很成功，也在可以理解的範圍中，而不致成為老闆情緒挫折的替罪羔羊。』

「再說：一般表面客氣（巧）而隱含相爭之意（鬬力）的交往，總是開始時氣氛不錯（陽），最後卻不歡而散（陰），甚至各出奇招，鬥得你死我活。一般酒食飲宴也是開始時中規合矩（治），最後卻難免酒醉失態（亂），甚至表現出淫蕩的行為（奇樂）。外交事務也一樣：開始的時候，雙方也總是懷著誠意、信誓旦旦要敦睦邦誼。但談到後來，卻也常常難免暴露出維護一己政治利益的私心。開始的時候也許只是一些小小的意見不合、利益落差，到後來卻竟然會釀成絕交開戰的大禍……」

孔子的建議還沒說完呢！就下回再續罷！

把心放空，才能如實應命

「……言者，風波也；行者，實喪也。夫風波易以動，實喪易以危。故忿設無由，巧言偏辭。獸死不擇音，氣息茀然，於是並生心厲。剋核太至，則必有不肖之心應之，而不知其然也。苟為不知其然也，孰知其所終？故法言曰：『無遷令，無勸成，過度益也。』遷令勸成殆事，美成在久，惡成不及改，可不慎與！且夫乘物以遊心，託不得已而養中，至矣。何作為報也！莫若為致命。此其難者。」

——〈人間世〉第二段

對於外交事務的行動準則，孔子針對在兩國領袖間傳話一事，繼續作一種事理的歸納：「原來所有的語言，寄託於其上的語意或情意都是如風吹水流般變動不居的；而所有的外交行動，也都必然承載著雙方領袖的利益盤算（『實喪』即得失之意）。於是夾帶著私心計算的外交辭令就必然是言辭閃爍不定，含意曖昧不明的（易以動、易以危）。隨便一點猜疑誤解（巧言偏辭），就會引生莫名的憤恨情緒（『忿設無由』，可以毫無理由地生氣）。就如同野獸生病受傷臨死前的痛苦呻吟，是沒心情去作什麼修飾的（獸死不擇音），就這麼直白地發出怒吼悲鳴了（『氣息茀然』，『茀然』是發怒的樣子）！而這樣的情緒行為表現，又會反過來熏染制約人心，而形成心理上的情結（心厲）。人與人間的利害計較、爾虞我詐也一樣，當計謀失敗，期待落空，都一定會忍不住發出受創的詈罵，久而久之，心性也就不免自我制約而成為多疑善怒之人了！這都是因為長期的心存計較（剋核太至），患得患失，遂使得心也漸漸失去本有的自在善良而表現出種種的創傷症候群（不肖之心應之）來了！到後來，甚至習慣成自然，完全追蹤不到是哪一次的創傷所致（不知其然）。而當人連病因都無從追蹤確認之時，試問又哪裏可能找到對症的解藥呢（孰知其所終）？」

於是孔子再度引用當時流傳的格言（法言）來佐證說：「所以格言才會如此說：『要如實傳譯老闆交代的話，不要擅自加上自己的解釋（無遷令），也不要順老闆的期望去加碼意圖促成（無勸成），因為這些過度反應都是多餘沒用的（「益」，多餘也）。』真的，擅自更改老闆的說法，自以為是地多方促成，都只會帶來危險（『殆』，危也）。要知道：要做成一件事很難很久，但要毀掉一件事卻很容易，常常一言既出便駟馬難追（惡成不及改），所以能夠不戒慎從事嗎？

「那麼要怎麼做才是個稱職的外交人員呢？總原則（至矣）無非還是把自己的心完全放空，去因時因地制宜（乘物以遊心）。凡所反應，都是本來就該如此反應（『不得已』不是無奈的意思，而是順理成章、本當如此的意思），而全無私意（『養中』，表現其虛心也，『中』，沖也）。所以你該如何回應老闆的派令呢？就是別再考慮自己的利害，而置生死於度外（致命）罷！但這正是最關鍵也最難的地方啊！」

且一探暴君的原型

顏闔將傅衛靈公太子，而問於蘧伯玉曰：「有人於此，其德天殺。與之為無方，則危吾國；與之為有方，則危吾身。其知適足以知人之過，而不知其所以過。若然者，吾奈之何？」蘧伯玉曰：「善哉問乎！戒之，慎之，正女身也哉！形莫若就，心莫若和。雖然，之二者有患。就不欲入，和不欲出。形就而入，且為顛為滅，為崩為蹶。心和而出，且為聲為名，為妖為孽。……」

——〈人間世〉第三段

〈人間世〉連續幾段都是談到以下事上的凶險艱難，必須把心放平，隨機善應，才能達成使命，不致惹禍上身。前兩段顏回、公子高所面對的都是正在位的衛君、葉君，試問為什麼國君乃至所有大老闆很少例外都是盛氣凌人、喜怒無常的呢？這一方面是長期的權力鬥爭，早已將他們塑造成如此封閉自衛的人格；另一方面則是成長於宮廷，極容易從小就養成驕縱任性、自我中心的習慣，所謂「官二代」、「富二代」不就是這麼來的嗎？

〈人間世〉第三段就以衛靈公太子作為抽樣，來討論暴君的原型：

顏闔應聘去擔任衛靈公太子（儲君）的專職老師，為此他特別去向當時的賢者蘧伯玉請教說：「我要去侍候的這個人，個性生來暴躁（天殺）。如果我不教他正道，只順著他的脾氣和稀泥，那將來他當上國君一定會把國家搞垮。但如果我盡忠職守，教導他為人治國的正道，就一定會觸怒他而惹禍上身，我真是好為難呀！他這個人也不是不聰明，但聰明只用來挑剔別人的過失，卻從來不反省自己的過失。像這樣的一個人，我該怎樣去教他呢？」

蘧伯玉首先稱讚顏闔提出一個好問題（善哉問乎），然後立刻提示一個根本性的答案：「戒之慎之，正女身哉（『女』通『汝』）！」原來所有問題的回應，都該包涵本末兩端。態度是本，技術是末。必須誠意正心，戒慎恐懼，中懷不亂，才能正確運用種種技術知識，去有效肆應局面。

但要怎樣憑明覺之心去隨機善應呢？除了基本原則：「正汝身」，蘧伯玉更提出一個行動準則：「形莫若就，心莫若和（行動表相上一定要順著他的毛去摸，但內心卻永遠要清明在躬，情緒絕不被對方的言行所牽動）。」不過蘧伯玉剛提出這個行動準則，立刻就警告不能拘泥字面涵義（「之二者有患」，拘泥這兩句話是有危險的），而要看當下狀況活用，務當適可而止，切莫推衍太過，以致順過頭反變成被對方收編（入），或保持超然心態過頭反變成自我標榜（出）。前者會讓你的教導任務全盤失敗，甚至害國家也跟著沉淪崩潰（為顛為滅，為崩為蹶）；後者則會讓你被貼上「清流」的標籤，對人民來講也許是好的聲名，但在太子的眼中可是專跟他唱反調的妖孽呢！

真的，凡事做得恰到好處，才是行動準則的微妙與精神所在啊！

怎樣才能不被老闆傷害？

「……彼且為嬰兒，亦與之為嬰兒；彼且為無町畦，亦與之為無町畦；彼且為無崖，亦與之為無崖。達之，入於無疵。汝不知夫螳螂乎？怒其臂以當車轍，不知其不勝任也，是其才之美者也。戒之！慎之！積伐而美者以犯之，幾矣。汝不知夫養虎者乎？不敢以生物與之，為其殺之之怒也；不敢以全物與之，為其決之之怒也。時其飢飽，達其怒心。虎之與人異類而媚養己者，順也；故其殺者，逆也。夫愛馬者，以筐盛矢，以蜄盛溺。適有蚉虻僕緣，而拊之不時，則缺銜毀首碎胸。意有所至而愛有所亡，可不慎邪！」

——〈人間世〉第三段

蘧伯玉跟顏闔提示了對待暴君的態度總原則「正汝身」，和行動準則「形莫若就，心莫若和」之後，便進一步通過比喻與描寫來說明實際上的事暴君之道。在此，課題重點集中在如何保護自己不被傷害；作法關鍵則無非扣緊一個「時」字，也就是事事都要拿捏分際，應幾而行，適可而止。

為什麼重點要落在自保呢？事君之道不也該為國為民而將自身安危置之度外嗎？則因這一段和前兩段不同，在於顏闔所事的衛靈公太子，還不是在位之君，所以無國事成敗問題，只有教他成為好國君問題。這時重點便當放在保護好自己的有用之身，才能善盡教導之責上面了！

於是蘧伯玉繼續說：「和他相處，凡事都要循循善誘，順著他的毛去摸，以免觸怒了他，你就反而無法教他什麼了！他像嬰兒般無知，你就也用童言童語去哄他；他生活言行毫無規矩，你也就少用社會規範去勉強他；他行事隨興漫無邊際，你不妨也就像衝浪般跟著他浮沉。總之就是不要跟他硬碰硬。像螳螂身在車行軌道上，車子來了不知躲開，卻奮臂抵擋，完全不知道自己是不能勝任的，反而糟蹋了牠強壯的臂膀，不是很可嘆嗎？所以你也要當心別學螳螂的愚昧，如果你不自覺地誇耀你的才能而讓對方不爽，那你的命運就會跟那螳螂差不多了！

「我不妨再舉一個例子：你知不知道養老虎的人是怎樣餵養老虎的？他們不敢拿活的動物去餵，就是怕老虎在殺死動物時會激發出怒氣，就算是把要餵牠的動物宰殺，也不敢拿整體去餵，就是怕老虎在撕裂動物身體之時也還是會激出怒氣。而且餵的時機也要拿捏，飽時牠不想吃，太餓時牠也會動作暴烈，總要掌握牠的情緒，適時餵養才好。老虎跟人不同類卻會討好養牠的人，全因餵養者能順牠的性情，所以養老虎的人會被老虎傷害，也全因不知順應罷了！而且所謂順其性情，是絲毫都不能怠慢的。例如有人對他養的馬愛得不得了，會用特製的容器去服侍牠拉屎撒尿。這時偶然飛來一隻蚊子停在愛馬的皮膚上（『僕』，附著也。『緣』，表面也。）他一時情急出手去拍打蚊子。卻不想馬受驚發怒，竟把口勒（銜）、籠頭（首）、肚帶（胸）都崩斷撞碎了！其實那主人本來是愛馬的，只不過一時專注在打蚊子，竟就來不及照顧愛馬。所以，你侍候脾氣暴躁的主人，能不倍加謹慎嗎？」

身處亂世，不如守身待時

匠石之齊，至於曲轅，見櫟社樹。其大蔽數千牛，絜之百圍，其高臨山十仞而後有枝，其可以為舟者旁十數。觀者如市，匠伯不顧，遂行不輟。弟子厭觀之，走及匠石，曰：「自吾執斧斤以隨夫子，未嘗見材如此其美也。先生不肯視，行不輟，何邪？」曰：「已矣，勿言之矣！散木也，以為舟則沉，以為棺槨則速腐，以為器則速毀，以為門戶則液樠，以為柱則蠹。是不材之木也，無所可用，故能若是之壽。」

——〈人間世〉第四段

莊子在〈人間世〉篇，談的都是在亂世的自保之道。也許會有人不以為然，認為人生在世不是應該為國為民獻身，為理想為正義奮鬥才是對的嗎？那一者是太不了解莊子所處的戰國時代，是一個私欲流行，正義不彰的大亂世；二者是忽略了即使為理想正義奮鬥，也該以善保有用之身為前提，才不致招來無謂的犧牲。

所以，在連續三段都談到為君王任事的艱難凶險之後，第四段就直接通過一個寓言來談保身之道：

有一位名字叫「石」的木匠，帶了一些徒弟到各處山林去訪尋大木美材。當他們一行到了一處叫「曲轅」的地方，看到一棵大櫟樹，大到被當地視為地標。這棵樹到底大到什麼程度呢！首先它的樹蔭就可以遮庇幾千頭牛，其次，它的樹幹用掌指的跨度來量它的圓周，竟有一百圍左右（一跨度為一圍，約二十五公分，百圍就是二十五公尺，真是太不可思議了）。它在山前直立，一直長到十仞（一仞為八尺）之高才有分枝。而僅是這些分枝，粗壯到可以拿來製造獨木舟的就已經差不多有好幾十枝。以致圍觀的人就像市場那般擁擠，可是匠石卻連一眼都不看，一步都不停地走過去。他的學生把這棵樹看夠了才快步追上老師，忍不住問說：「我跟隨老師四處尋訪木材，從沒有遇到像這棵樹這麼美的。老師竟然連看一眼都不肯就走過去，到底是什麼緣故呀？」匠石回答說：「算了！就別再提那棵樹了罷！因為它根本是一棵不成材的樹。你如果用它來造船，船根本浮不起來。用來製棺木，埋在土裏很快就會腐朽。用來作桌椅櫥櫃等用具，則脆弱容易毀壞。用來做門窗，則樹脂會四處漫流（『樠』同『漫』）。用來做柱子，也容易招來蛀蟲。總之是一棵不成材料，無法利用的樹。但卻也正因為它完全沒用，所以反而不致惹來砍伐傷害，才能安全地長到這麼大。」

莊子在這個寓言裏，建議人處亂世，還是不如收斂鋒芒，隱藏才能來得好。乃因亂世中的社會，人們根本不會尊重你的人格，珍惜你的才能；只會為了他的私心利用你、壓榨你，犧牲你。你的認真任事，反變成為虎作倀。不但沒有意義，反而會無謂賠上自己的性命。所以還不如先隱居以待時罷！莊子在此，其實正有著珍惜生命的一番苦心與真情呢！

答案在有用無用之間

……匠石歸，櫟社見夢曰：「女將惡乎比予哉？若將比予於文木邪？夫柤梨橘柚，果蓏之屬，實熟則剝，剝則辱；大枝折，小枝泄。此以其能苦其生者也，故不終其天年而中道夭，自掊擊於世俗者也。物莫不若是。且予求無所可用久矣！幾死，乃今得之，為予大用。使予也而有用，且得有此大也邪？且也，若與予也皆物也，奈何哉其相物也？而幾死之散人，又惡知散木！」匠石覺而診其夢。弟子曰：「趣取無用，則為社何邪？」曰：「密！若無言！彼亦直寄焉，以為不知己者詬厲也。不為社者，且幾有翦乎！且也彼其所保與眾異，而以義譽之，不亦遠乎！」

——〈人間世〉第四段

前文談到匠石帶著一群學生去尋訪美材，卻遇見一棵極高大的櫟社樹，是因無用才避免被砍伐，才能長到這麼高大。匠石當下為學生說明這「無用之用」的道理……

匠石回家後，當晚櫟社樹就託夢給他，說：「你幹嘛要這樣談論我呀！你難道要害我和那些有用的美材一樣落得不幸下場嗎？你看那些山楂、梨子、柑橘、柚子等等果樹（木本為果，草本為蓏），每當果實成熟之時就會被砍被折被扯（剝、辱，挫擊也。泄，拉扯也）。這就是因為它們有才有用使生命受苦。其實何止果樹？萬物不都是這種命運嗎？所以我才長久以來尋找一種無用之道，歷經好幾次的失敗凶險，到現在才總算找對方法，成就我保生安命的大用。如果我和相梨橘柚那樣有明確的用途，請問我還能長到這麼高大嗎？而且再進一步說：你和我都同處在這個隨時可能被人利用傷害的世界中，應該同病相憐才是，為什麼還要互相傷害呢？（『物』，動詞，『以之為物』之意，引申之即利用也。）再說你這個見識有限，連自己的命都保不住的散人（無所歸屬之人），又有什麼資格來評論我這棵散木（無所歸類之樹）呢？」

匠石醒來，就把這個夢告訴學生，學生問說：「既然他那麼急求無用（『趣』，『趨』也，急促之意），為什麼還要答應做這個社樹地標呢？」匠石說：「噓！你不要胡亂發問，以免洩露天機。這正是他的巧妙辦法所在，就是暫時託身在有用無用之間，這樣才反而真能保存自己的生命。他所以願意當社樹地標，就是給不懂這巧妙分際的人一個小把柄去譏笑批評一下（說：『你不是不要有用嗎？那幹嘛來當社樹呀』），正因為有這麼一點兒供人消遣之用，他反而可以安穩存活。否則，早就會因為毫無用處而被砍伐廢棄了！正因他保全自我的辦法如此巧妙，和一般人要嘛力求有用（以致累死），要嘛儘量逃避（卻不免自我放逐）都不一樣，所以用任何理論去套他，其實都是不相應的。」

原來真正的無用之用，就是拿捏到有用無用間的微妙分際，而不是著跡於有用（這有害）或無用（這也有害），這是多麼巧妙的智慧啊！

因為豬肉好吃害豬都活不到天年

南伯子綦遊乎商之丘，見大木焉有異，結駟千乘，隱將芘其所藾。子綦曰：「此何木也哉？此必有異材乎！」仰而觀其細枝，則拳曲而不可以為棟梁；俯視其大根，則軸解而不可為棺槨；咶其葉，則口爛而為傷；嗅之，則使人狂酲三日而不已。子綦曰：「此果不材之木也，以至於此其大也。嗟乎神人，以此不材！宋有荊氏者，宜楸柏桑。其拱把而上者，求狙猴之杙者斬之；三圍四圍，求高名之麗者斬之；七圍八圍，貴人富商之家求樿傍者斬之。故未終其天年，而中道夭於斧斤，此材之患也。故解之以牛之白顙者，與豚之亢鼻者，與人有痔病者，不可以適河。此皆巫祝以知之矣，所以為不祥也。此乃神人之所以為大祥也。」

——〈人間世〉第五段

莊子在〈人間世〉第四段，借匠石之齊，見不材之木，而論無用之用的道理之後，在第五段再藉南伯子綦之口，對世俗的價值標準（以有用為吉祥）與生命主體的價值標準（以無用為吉祥）又討論了一次。因精義已在第四段講明，所以第五段只直接意譯於下：

南伯子綦旅行經過商丘，見到一棵非常特別的大樹。怎麼特別法呢？就是它龐大到連千乘（每一輛車配四匹馬為一乘）的車隊都可以完全隱庇（芘）在它的樹蔭（藾）之下。子綦自言自語說：「這是什麼樹呀？它的枝幹一定能成為上好的材料！」但是抬頭仔細觀察它的小枝，卻發現都是長得像拳頭一般扭曲，根本沒法做房屋的柱子和橫梁。低頭看看它的粗根，都從軸心向外裂解，也沒法拿來製造棺材（外棺為槨）。嚐嚐它的葉子，口腔會受傷潰爛；就連聞一聞都會讓人迷醉三天都醒不過來。子綦說：「這果然是一棵沒用的樹，難怪能長到這麼大。其實那些得保其天年的真人，不也正是因為領悟到這沒用的妙理才成其為真人的嗎？我們試看世間的美材，不都因有用而被砍伐的嗎？例如宋國有一處名叫荊的領地，很適合楸樹、柏樹、桑樹的生長。但結果卻是：它們的枝條當長到一圍兩圍（一圍就是一握，拱是一握，把是兩握，即雙手合圍）時就被製造趕猴棍的人斬斷了。長到三圍四圍，被物色大梁（麗即梁也）的人斬了。長到七圍八圍，被富貴人家斬去做棺材了（樿傍，棺的主體與蓋子都用整塊木料製成）。所以都沒法活到它該活的年歲，就被砍伐了。此不證明「有用」其實是對生命的殘害嗎？我因此也領悟到：為什麼那些長得不正常的牛（頭全是白毛）、豬（鼻子朝天）和人（有痔瘡），都不會被選中去祭河神。這是所有主持河神祭典的神職人員都知道的常識，理由就是長得不正常、不完美，是不吉利的。但世俗認定的因無用而不吉利，從生命的觀點看，無用反而是吉利的，所以真人們都會收斂自我的鋒芒，避免社會競爭的斲傷，以無用為人生的大用呢！

有用無用的微妙平衡

支離疏者，頤隱於臍，肩高於頂，會撮指天，五管在上，兩髀為脅。挫鍼治繲，足以餬口；鼓筴播精，足以食十人。上徵武士，則支離攘臂而遊於其間；上有大役，則支離以有常疾不受功；上與病者粟，則受三鍾與十束薪。夫支離其形者，猶足以養其身，終其天年，又況支離其德者乎！

——〈人間世〉第六段

莊子連續幾段都在談無用之用才是大用。我們當然要諒解莊子處在戰國那大亂之世，不但人命危淺，維持生存普遍成為優先的考慮；更由於人文理想失落，道德仁義反成為追逐名利的藉口，遂使得人心也被假仁假義所嚴重傷害。所以莊子才呼籲世人要放下所有藉道德榮譽為名的名利鬥爭，回歸真誠素樸的自我，自由悅樂的人生。其實回看二十一世紀的當代社會，情況又何嘗不然？小至學生爭分數擠名校，大至政客們刀刀見骨的權鬥，我們就該對莊子之言深有同感了！

當然，強調無用之用，並非否定有用之用，僅就形軀素樸的謀生而言，一些知識技能還是必要的。我們當釐清的只是：你是單純利用這些知能去謀生？還是誤用這些知能去權鬥？知能無罪，只看你是善用還是誤用罷了！若是善用來謀生，那使用種種知識能力一定會適可而止；但若是誤用濫用來誇耀自我，就一定會無所不用其極。試看現代人對自然資源的過度開發過度消費，不正是如此嗎？

在第四段，莊子已通過櫟要擔任起碼的社樹（地標）以獲得生存的憑藉來指出這一點。在本段，則更通過支離疏充分說明有用無用的微妙平衡：

有一個名叫「阿疏」的人，因為他的形體太不正常了，簡直到支離破碎的地步，所以綽號就叫「支離疏」。他的形體破碎到什麼地步呢？因為駝背得太厲害，以致下巴都埋在肚臍眼了；同時雙肩看起來也就比頭頂還高，本該垂在後腦勺的髮髻也因此整個朝天了；甚至連內臟的血管都凸顯在背部皮膚之上（我們不妨用「靜脈曲張」來聯想），連雙腿都和肋骨連成一塊兒了！

但他雖然形體怪異，可還是有謀生能力的，幫人用針線縫補衣服（「緘」同「針」，「繲」同「線」），也可以養活他自己；替人占卜算命（「鼓筴」是鑽龜甲算筮草的動作，「播精」是解說卦辭籤詩中的精義），更可以養活不少人。但若碰到打仗，君王要徵兵，他卻因體位不及格免役，大剌剌走在街上也不怕被抓去當兵。碰到政府有重大工程要徵人去做，他也一樣因有重大傷病而免徵。有時碰到君王要救濟傷病的弱勢族群，他也照例可以領到一份，如三石米（「鍾」是容量名，其量說法不一，今姑以大家熟悉的「石」示其意）一束柴。

連身體的支離無用都足以保全生命，安享天年。何況是心靈自覺地放下一切執著呢？那就更足以保全我們的精神，讓我們即使在大亂之世，心境都依然能常保自由悅樂了！

道家對孔子的諷勸與誤解

孔子適楚，楚狂接輿遊其門曰：「鳳兮鳳兮，何如德之衰也！來世不可待，往世不可追也。天下有道，聖人成焉；天下無道，聖人生焉。方今之時，僅免刑焉。福輕乎羽，莫之知載；禍重乎地，莫之知避。已乎已乎，臨人以德！殆乎殆乎，畫地而趨！迷陽迷陽，無傷吾行！吾行卻曲，無傷吾足！」山木自寇也，膏火自煎也。桂可食，故伐之；漆可用，故割之。人皆知有用之用，而莫知無用之用也。

——〈人間世〉第七段

這是〈人間世〉篇的最後一段，也是作為結語的一段。依莊子的義理，當然仍歸結到強調無用之用，亦即放下種種人為執著，包括對道德人文理想的執著，以全生保真。那麼，當時對道德人文理想最執著的是哪些人呢？當然就是以孔子為代表的儒家之徒。所以，莊子在最後一段，就通過楚狂接輿之口，對孔子著實諷勸了一番。

這故事在《論語》微子篇也有記載，敘述大致沒什麼差異，可見是實有其事，不是莊子的寓言。只是在《論語》的記述，是孔子聽到接輿的歌聲，立刻走下堂來想跟他說話，但接輿卻快步離開了！其實接輿對孔子恐怕是有誤解的；因為過度執著理想以致傷生害性，於儒家之徒容或有之，但孔子卻並非如此。只是接輿已經如此認定，竟完全不願聽孔子解釋。所見不同，也只好分道揚鑣了！

孔子到了楚國，有一位楚國的狂人接輿故意經過孔子的家門，大聲唱著詩歌想諷喻孔子：「孔先生呀！你本來有著像鳳一般的高潔品格，為什麼竟會執著理想到這麼看不開的地步呢？未來的世界是不可預期的，已成的事實卻已不能改變了！若生在太平盛世，聖人當然可以努力去實現道德人文的理想；但若處在動亂的時代，聖人就該懂得變通，暫時將理想放下，先保存自己的有用之身才是。像今天我們所處的時代，不就是一個連避免誤觸法網都極不容易的亂世嗎？但可惜你們這些儒家之徒好像都不懂這個道理：明明是垂手可得的幸福，卻都不知道去擷取；而面臨這麼嚴重的災禍，卻都不知道去躲避！在這樣惡劣的環境，你們還想用道德去教化世人，我看還是放棄這妄想算了！你們這樣執著其實只是畫地為牢，自陷於險境罷了！既然滿地荊棘（迷陽即荊棘也），為什麼還要勉強去走那走不通的路呢？我們正該在當退讓時退讓（卻音ㄒㄧˋ，退行也），當轉彎時轉彎（曲，繞過去不直走也），這樣才不會妨礙我們的人生（傷吾行）、傷害我們的生命（傷吾足）啊！」

真的，山中的大樹正因擁有美材而招來砍伐，油脂正因有點火照明的用處而惹來煎熬，桂子正因味美可食而被採摘，漆樹正因可以用來塗牆而被割傷。世人都知道有用是一種價值，卻沒人知道沒用更是一種價值，因為前者只是一種工具價值，後者才是一種主體價值啊！

卷五　德充符

自由甚至比道德更為優先

魯有兀者王駘，從之遊者，與仲尼相若。常季問於仲尼曰：「王駘，兀者也，從之遊者與夫子中分魯。立不教，坐不議，虛而往，實而歸。固有不言之教，無形而心成者邪！是何人也？」仲尼曰：「夫子，聖人也。丘也直後而未往耳。丘將以為師，而況不若丘者乎！奚假魯國！丘將引天下而與從之。」

——〈德充符〉第一段

從本次開始，我們進入《莊子》新的一篇，就是內七篇中的第六篇〈德充符〉。

首先解釋一下篇名。「德」是指生命內在的本質。這當然是指道家義的生命本質：自由或稱逍遙，而非儒家義的道德。「符」是指生命的外在形貌或形相。生命的外在形相應與內在本質相符應而非相矛盾，所以內在的逍遙精神應貫注充盈於形軀，讓形軀成為呈現生命自由精神的載體才是。反之，若形軀自以為是，執著形軀本身的種種條件如美貌、健康、聰明、才智等等為我，則將成為遮蔽禁錮生命的牢籠，使人反因此而不得自由。所以本篇命名之意，即以「德」當貫注充盈於「符」為主旨以進行討論。

換言之，上承〈人間世〉以「人際關係」為主題，討論如何不受人際關係所累以得自由；本篇則是以「形軀外貌」為主題，討論如何不受不正常的形貌所累以得自由。

第一段首先出場的主角便是一個受過刖刑的跛者王駘。他不但不因形貌有異於常人而感到自卑，反而因此而使他的精神感染力更倍於常人，而成為在魯國與孔子齊名的兩大名師……。

魯國有一個獨腳的跛者名叫王駘，卻令人意外的竟是一個學生人數和孔子不相上下的名師。常季覺得很不可思議，就去請教孔子說：「王駘只不過是一個斷腿人，但慕名而來的學生卻多到和您一樣，簡直把魯國人平分了！但觀察他的上課方式，卻是既沒有教授什麼學問，也沒有和學生討論什麼議題。學生卻都是滿懷空虛地來，全心滿足地回去。這難道是一種不借助語言的身教，完全沒有教導形跡的心靈感應嗎？他到底是一個怎樣的人呀？」

孔子聽了就回答說：「他就是心中有道的聖人呀！我只是行動慢了點還來不及跟隨他求道罷了！但早晚一定會去拜他為師的。連我都尚且要跟他學道，何況道行比我還不如的人呢？而且何止魯國人會紛紛找他問道，我甚至還要帶領全世界的人去跟隨他呢！」

……

從一開始介紹王駘出場，孔子就賦予他「聖人」的名號。聖人是什麼意思呢？就是身上有道、有真理的人，所以值得所有人去跟他學習。當然王駘身上的道是道家義的道，即「生命存在的本質」，亦即自由；而不是儒家義的道，即「道德意義的根源」，亦即創造性。而由於道德創造亦必基於自由，所以不妨說自由是生命更根源的第一本質，以致連代表道德的孔子都要跟王駘求道呢！

回到根源處去觀照人生

……常季曰：「彼兀者也，而王先生，其與庸亦遠矣。若然者，其用心也獨若之何？」仲尼曰：「死生亦大矣，而不得與之變，雖天地覆墜，亦將不與之遺。審乎無假而不與物遷，命物之化而守其宗也。」常季曰：「何謂也？」仲尼曰：「自其異者視之，肝膽楚越也；自其同者視之，萬物皆一也。夫若然者，且不知耳目之所宜，而遊心於德之和，物視其所一而不見其所喪，視喪其足猶遺土也。」

——〈德充符〉第一段

〈德充符〉第一個出場的人物是兀者王駘，他令人側目的表現是不因形殘而仍能以不言之教感召人心。常季不解而問於孔子，孔子竟以聖人稱之，說要率領天下人去跟他學道……

常季於是進一步問孔子：「他只不過是一個跛腳之人，竟然有資格做老師您的老師（『王先生』的『王』字是動詞，『先生』即對孔子的尊稱，猶言『您』，『王先生』即『教導您』之意。）一定不是一般平凡的人。如果我推斷得不錯，那麼他的本領應該不在外表而在內心。請教老師：他的內在是一種怎樣的境界呢？」

孔子說：「對一般人來說，如何面對死亡是一個嚴重的課題。王駘卻已做到內心安穩，不隨環境變化而動心的地步。就算面臨天崩地裂，他的情緒也不會崩潰。他確實掌握到真實無妄的生命真理（『審』，明白掌握也。『無假』，『無虛妄假借』也），而不會被環境的變遷所影響，他已回到萬物生化的源頭，力能作萬變的主人了。」

常季聽得似懂非懂，只好追問：「這話是什麼意思呀？」孔子說：「我們看待世間的事物可以有兩種觀點，就是從生命的源頭處看，以及從分化的下游處看。若從分化處看，那萬物的存在都是有限的，生命短暫，形體渺小。就算是看似關係緊密的兩個組織，如肝之於膽甚至是相鄰的兩個細胞，其實都有本質上的絕對隔閡，就如楚國之於越國般渺不相干。但如果我們改從根源處看，那萬物都是一體，都有內在本質的同一性。我們如果能夠看淡人我的有限性與差異性，而看重人我的同一性與無限性，凡事就不會有那麼多的計較紛爭，乃至你死我活了。我們甚至會連耳朵管聽覺、眼睛管視覺這種區分都淡然處之，就更不用說你錢賺比我多官做比我大了。因為順著這種計較推衍下去，會連父子夫妻間都平添嫌隙的呢！我們就能穿透每個人表象的隔閡，在人性源頭的善良處肯定每個人的基本善意與普遍愛心，而與人不爭無忤，彼此相悅以解了！這就是所謂『遊心於德之和』（心徜徉在人性源頭的和諧境界中）呀！王駘就是如此，能凡事凡物都看到他根源處的同一無異，而不強調表象的有限得失。所以對他自己丟了一條腿這件事也是如同丟了一件身外物一般淡然處之，毫無掛礙。他也因這種曠達的胸懷，才足以感召眾人而為眾人之師呀！」

正當以無為之德治躁動之病

……常季曰：「彼為己，以其知得其心，以其心得其常心，物何為最之哉？」仲尼曰：「人莫鑑於流水而鑑於止水，唯止能止眾止。受命於地，唯松柏獨也（正，）在冬夏青青；受命於天，唯舜獨也正，幸能正生，以正眾生。夫保始之徵，不懼之實。勇士一人，雄入於九軍。將求名而能自要者，而猶若是，而況官天地，府萬物，直寓六骸，象耳目，一知之所知，而心未嘗死者乎！彼且擇日而登假，人則從是也。彼且何肯以物為事乎！」

——〈德充符〉第一段

在孔子盛稱王駘因能守住生命的源頭而獲得眾人的共鳴信服，樂與相處之後，常季還是有一疑未解，一間未達。就是常季依常識去肯認一個人的德行，或說對他人的愛與幫助，總是要針對他人的需求有所付出才是，但王駘卻只是自己看透人生罷了！對他人是完全無為甚至無心的，那他怎麼會憑空獲得眾人的感戴呢？

於是常季說：「王駘畢竟只是個自了漢罷了！他雖然憑他的智慧找回他的本心自我，而且也憑著對自我本心的體會而明白這就是所有人都一樣的常道真心，但他畢竟對他人毫無付出，那麼眾人為什麼還是會圍繞聚集在他身邊呢（『最』是會聚的意思）？」

孔子於是點出足以為人師的人格典範本來就不止一種，教人成才的當然需要有為，但教人放下一切執著假相以回歸素樸自然的生命本真的，卻正需要無為。王駘正是要以無為之道去幫人治有為造作之病的典範啊！孔子是這樣回答常季的：「當人要照見自己容貌時，一定會選平靜無波的水面為鏡子，而不會去選流動的水。同樣，當人想止息內心的躁動不安時，也一定會選一個最安寧靜定的人去效法（『唯止能止眾止』，第一個『止』是『安靜的典範』義。第二個『止』是動詞，『止息』義。第三個『止』是指『求安靜而不可得的眾生』）。這個人就是王駘啊！原來就大地各種植物的生機暢旺而言，松柏是最足為典範的（『正』即典範義。此處原文無『正』字，依下文句法當補），因為它終年長青啊！至於就人之所以為人的道德實踐而言，則是舜最足為典範，正因為他以其一生示範了如何在價值創造上自我實現。甚至等而下之，僅就『勇而不懼』這一項德性而言（這也是維護生命自我不致異化變質的一項條件，即所謂『保始之徵』），一名勇士能無畏地衝進敵軍的主力部隊中，這也是很不容易而足為典範的。像這種僅為求功名而自我鞭策之士，尚且能得到大家的稱譽效法，何況像王駘這樣的真人、修行的境界已達到為天地生化的主宰，作萬物存在的源頭；看待自己的形軀不過是暫時的生存寄託，自己的感官不過是偶然的資訊通路；純以唯一的真心，直探生命永恆的境界呢！只要他高興，隨時都可以自由地飛昇，與天地同遊（『擇日』表示他的自由，『登、假』皆『至』之意，即達致最高境界也）。眾人跟隨他正因此無為之德啊！像他這種清靜無為的人，怎麼會以多能廣知為標榜呢！」

脫下角色外衣，人都是平等的

申徒嘉，兀者也，而與鄭子產同師於伯昏無人。子產謂申徒嘉曰：「我先出則子止，子先出則我止。」其明日，又與合堂同席而坐。子產謂申徒嘉曰：「我先出則子止，子先出則我止。今我將出，子可以止乎，其未邪？且子見執政而不違，子齊執政乎？」申徒嘉曰：「先生之門，固有執政焉如此哉？子而說子之執政而後人者也？聞之曰：『鑑明則塵垢不止，止則不明也。久與賢人處則無過。』今子之所取大者，先生也，而猶出言若是，不亦過乎！」

——〈德充符〉第二段

〈德充符〉第二位出場的人物仍然是一位獨腳漢（這也就是形體殘缺的最通常形態），名叫申徒嘉。他與當時鄭國的執政者（如今世的首相、閣揆）子產都到伯昏無人門下聽課。但子產卻自恃閣揆之尊，羞與這斷腿人同行並坐。因此私下跟申徒嘉協調說：「下課時如果我先離開，你是否可以暫時留步？或者你先走也行，那我就緩一步再走，如何？」但顯然申徒嘉沒有照他的話做。第二天他們又同堂上課，子產就再次正告申徒嘉不要和自己同時出門。而且對申徒嘉昨天沒有聽話顯然是動怒了，遂訓斥地說：「我是行政院長耶！你一介平民，居然見到院長都不知讓步（『違』，避讓也），你難道和院長一般高嗎？」

在這裏子產當然有一項嚴重的觀念謬誤，就是將「人的身分」和「角色扮演的身分」相混了！原來人納入社會結構中作為體制運作的一分子，本質上只是一個臨時扮演的角色，嚴格說並不能算是一個「人」。乃因這時人基本上不是依自由意志而行，而是必須依他所扮演的角色的職權或職責而行。而在體制的分工中，固然各角色間會有位階的高低、權責的大小，但那都只是角色的差異而不是人的差異。當人下班了，脫下角色扮演的外衣，恢復人的身分，其實是所有人都平等的，也是每個人都自由的。但許多人卻忘記了這人的身分與根本的、真正的自由平等，反認同他偶然扮演的角色為我。遂掉進爭名奪位，拚命往上爬以獲取更多權利或權力保障的泥淖；卻不知這樣只會帶來無窮的憂疑恐懼、患得患失，反而失去人本來就有的平安與自由。

在本段，鄭子產就是如此一個典型的抽樣：雖貴為首相，內心反不如申徒嘉活得自在逍遙。於是申徒嘉回應他說：「我們伯昏老師的門下，怎麼會有像院長您這樣以身分壓人的學生呢？我聽過一句名言說：『一面鏡子如果真夠明亮，灰塵是不會沾上它的，如果這鏡子沾滿灰塵，當然就不是一面明鏡了。和賢人相處久了，也一樣會變得心地明淨而不會讓過失沾染到自己身上。』您現在所以會來上伯昏老師的課，不正是看重老師有這份清淨明覺的人品，而想跟他學習嗎？結果仍然不免以院長的身分鄙視別人，而說出這樣傲慢的話來，這難道是對的嗎？」

子產聽到申徒嘉的諍言，會有怎樣的反應呢？我們下一次再討論。

執著成見就會是己非人

……子產曰：「子既若是矣，猶與堯爭善，計子之德，不足以自反邪？」申徒嘉曰：「自狀其過，以不當亡者眾，不狀其過，以不當存者寡。知不可奈何而安之若命，惟有德者能之。遊於羿之彀中，中央者，中地也，然而不中者，命也。人以其全足笑吾不全足者眾矣，我怫然而怒；而適先生之所，則廢然而反。不知先生之洗我以善邪！吾與夫子遊十九年矣，而未嘗知吾兀者也。今子與我遊於形骸之內（外），而子索我於形骸之外（中），不亦過乎！」子產蹴然改容更貌曰：「子無乃稱！」

——〈德充符〉第二段

前文談到兀者申徒嘉和宰相子產同學於伯昏無人門下，而子產卻自高身分，瞧不起申徒嘉這個殘廢。雖經申徒嘉曉以師門大義，子產仍然放不下他的成見，而自以為是地教訓申徒嘉說：「你已經長成這個殘廢醜陋的樣子了，還想高攀像堯那樣的令君大業，也不看看自己擁有的條件有多差，你難道真的毫無自知之明嗎？」

很顯然，子產還是不免用外在條件來衡量人的高下，而不知心靈品質才是價值的根源。於是申徒嘉只好再更深入地曉以真義：

「我們若請一位斷足的人自我反省他為什麼會失去一足，那麼多半的人都會為自己辯護，說他完全無辜，斷足對他來講是不公平的。連敦促人反省，人都尚且會這樣自我防衛；就更不用說如果不敦促他，等他自己覺察反省，還能平心承認自己總難免有錯，因此斷足也是合理的了！能做到這樣誠實謙遜的人可真少呀！那人到底犯了什麼錯，以致斷足也合理呢？原來究其根源，人所犯的錯無非就是忘了人心雖然自由無限，人存活在這世上的形軀肉身卻是有限而無法由我們自由作主的，因此本質上就存在著隨時會傷病死亡的可能，以致一旦遇到偶然的變故就怨天尤人了！能完全認清形軀有限，人生無常這事實，而在變故發生時安然無怨，平心處之的，只有真正領悟生命真理的有德之士能做得到。尤其我們都是活在這個隨時會傷人的人文體制之中，就像都處於神箭手后羿的射程之內，靶心之中，若竟然始終不被射中受傷，也只能說太過幸運罷了！所以許多人憑他尚未受傷的生命譏笑我斷了一足（而不明白他早晚也不免受傷），我起初也忍不住生氣。直到我來跟伯昏老師學道，才把這胸中塊壘放下。這就是因為老師用忘其形以存其心的生命真理來洗滌我們的汙染，療癒我們的傷病啊！所以我來老師門下十九年，從來沒有意識到我是個斷足之人。如今你跟我一起來跟老師求學，不也就是要探討這形骸之外的心靈真理嗎？（原文『形骸之內』，疑誤，依義理應為『形骸之外』；下文『形骸之外』亦當作『形骸之中』），卻仍然用外表條件來批評我，這難道是對的嗎？」

到此，子產終於明白自己的成見執著了，遂立即改換一種態度並和申徒嘉道歉：「唉呀！我知道錯了！您就不要再責備我了罷！」

誰才是真正不執著其實難說

魯有兀者叔山無趾，踵見仲尼。仲尼曰：「子不謹，前既犯患若是矣。雖今來，何及矣？」無趾曰：「吾唯不知務而輕用吾身，吾是以亡足。今吾來也，猶有尊足者存，吾是以務全之也。夫天無不覆，地無不載，吾以夫子為天地，安知夫子之猶若是也！」孔子曰：「丘則陋矣。夫子胡不入乎？請講以所聞！」無趾出。孔子曰：「弟子勉之！夫無趾，兀者也，猶務學以復補前行之惡，而況全德之人乎！」無趾語老聃曰：「孔丘之於至人，其未邪！彼何賓賓以學子為？彼且蘄以諔詭幻怪之名聞，不知至人之以是為己桎梏邪？」老聃曰：「胡不直使彼以死生為一條，以可不可為一貫者，解其桎梏，其可乎？」無趾曰：「天刑之，安可解？」

——〈德充符〉第三段

〈德充符〉開頭連續三段，上場的主角都是受刑斷足的兀者，這說明在戰國當時，人處在政治亂局中，動輒得咎的處境。為了平復這種無因而至的意外打擊與冤屈，道家莊子式的豁達的確是必要的。

這回上場的兀者叫叔山無趾（姓叔山，逕以形體特徵的無趾為名），因為斷了腳掌，只好以腳跟著地來行走，去拜訪孔子求教。孔子說：「你之前為人處事魯莽不謹慎，以致觸犯法令，獲罪受刑斷腳，變成殘廢，現在再來求教也已經來不及了！」無趾說：「我正因為之前對時局的無知，才輕易涉險，失去雙腳。現在我明白了，也慶幸我還有比雙腳更寶貴的心還沒失去，所以我才來跟您求教，希望能學到保全之道。我是把您看作像博大無私的天地般是一位有教無類的好老師，才來找您的呀！真沒想到您竟然這樣拒絕我！」孔子聽了趕快道歉說：「哎呀！真不好意思，都是我的不是，您何不進來坐坐？我願意把我所知道的修心之道都告訴您。」無趾這才進門聽課。等無趾離開，孔子就以無趾為例勉勵學生：「你們看：無趾是個斷腳之人，尚且有如此心志去求學補過；何況你們是四肢健全的人呢？能不努力用功嗎？」

無趾離開之後，見到老子，卻跟老子抒發對孔子為人的疑惑：「孔子的修為，恐怕還不到極致的境界罷！那他幹嘛自以為是，聚眾講學呢？他真以為可以單憑講說一些虛玄怪誕的哲理，就能博得學者的名望嗎？他難道不知道這些人為的學問名相，在至人看來都是自由生命的負擔束縛嗎？」老子說：「是呀！那是否可以讓他明白：單有理論的分析是不夠的（這時生與死、可與不可是對立的），還要落到生活實踐上取消這些名言分析，體會到兩者本來相連為一體，才能避免因執著概念而帶來的人生束縛呢？」但無趾顯然不對孔子抱樂觀希望，他說：「依我看，孔子的學者習氣、知識障礙已經太牢固了，他真能解脫得了嗎？」

但孔子真如無趾所說的那樣嗎？是否無趾也有他不自覺的成見執著呢？這倒值得我們再深入一層去好好思量呢！

什麼是「道家型人格」？

魯哀公問於仲尼曰：「衛有惡人焉，曰哀駘它。丈夫與之處者，思而不能去也。婦人見之，請於父母曰：『與為人妻，寧為夫子妾』者，十數而未止也。未嘗有聞其唱者也，常和人而已矣。無君人之位以濟乎人之死，無聚祿以望人之腹。又以惡駭天下，和而不唱，知不出乎四域，且而雌雄合乎前。是必有異乎人者也。寡人召而觀之，果以惡駭天下。與寡人處，不至以月數，而寡人有意乎其為人也；不至乎期年，而寡人信之。國無宰，寡人傳國焉。悶然而後應，氾而若辭。寡人醜乎！卒授之國。無幾何也，去寡人而行，寡人卹焉若有亡也，若無與樂是國也。是何人者也？」

——〈德充符〉第四段

在三位跛腳人次第出場之後，〈德充符〉第四位出場的是一位相貌其醜無比的人，名字叫哀駘它。莊子並沒有具體描述他如何醜法，只說他的醜足以令所有看到他的人都被嚇到。原來最極致的醜（其實美也一樣），就是想像中的醜啊！莊子以「不描述為描述」，也可說深得描述藝術之三昧了！

有一次魯哀公向孔子請教一個在他心中存疑已久的問題，就是不知道該如何理解哀駘它這個人：「衛國有一個著名的醜男子，名叫哀駘它。但奇怪的是這麼醜的人卻人人都樂於和他親近。

不但跟他相處過的男人，都會戀戀不捨。女子更誇張，有人才見過哀駘它一面，就愛上他了，以致會稟告父母想要嫁給他，甚至覺得當哀駘它的侍妾都比當別人的正室更幸福。像這樣想嫁他的女子已經有十幾個了，而且人數還在不斷增加中哩！

「這哀駘它到底有什麼本領讓男子女子都服他呢？卻一點兒也看不出來。他從來沒有主動發表過什麼言論，常常只是同情接納別人的意見而已。在社會上既無位無權，沒有辦法去救助別人於危難之中；也無財富物資，足以餵飽窮人的飢腸。似乎他除了以奇醜驚嚇大眾，就再也沒有其他特色了，甚至連知識見解都十分平庸，也提不出自己獨特的看法。但以如此人品，卻能讓人不分男女都聚集在他的堂前，他總應該有一些與眾不同的地方罷！

「我因此好奇地召他入宮，好親自來觀察他的人品。果然第一印象也是被他的醜陋嚇到了。但和他相處還不到一個月，我就對他這個人頗有好感了。還不到一年，我就對他完全心悅誠服了！正好這時候我國的宰相出缺，我竟然邀他入閣當閣揆。他也無可無不可，面對這樣一個人我真是自慚形穢，既不將也不迎。反正最後我還是讓他當成宰相就是了！不過他也沒當多久就辭職離開我了！我竟然中心愀然，萬般捨不得；好像若沒有他陪伴，我就連當一國之君都全無樂趣似的。這個哀駘它到底是怎樣的一個人呀？您能幫我分析解說一下嗎？」

莊子藉魯哀公之口，提出這一個「道家型人格」的問題來，那麼莊子又會藉孔子之口作出怎樣的解答呢？且聽下回分解……

試探所謂「道家型人格」

……仲尼曰：「丘也嘗使於楚矣，適見㹠子食於其死母者，少焉眴若，皆棄之而走。不見己焉爾，不得類焉爾。所愛其母者，非愛其形也，愛使其形者也。戰而死者，其人之葬也不以翣資；刖者之屨，無為愛之，皆無其本矣。為天子之諸御，不爪翦，不穿耳；娶妻者止於外，不得復使。形全猶足以為爾，而況全德之人乎！今哀駘它未言而信，無功而親，使人授己國，唯恐其不受也，是必才全而德不形者也。」

——〈德充符〉第四段

前文莊子藉魯哀公之口，描述了一位形貌其醜無比卻生命品質好得讓人心悅誠服的奇人：哀駘它。我們不妨就稱之為「道家型人格」。那麼道家型人格和儒家型人格有什麼不同呢？就在道家型人格專點明或說凸顯生命的內在本質，就是純粹、統整、自由。而儒家型人格則重在從這自由統整的自我生命更往外跨一步去幫助別人的生命也能達到自由純粹統整，即所謂「仁者愛人」、「已欲立而立人」。不過話說回來，若自己的生命不夠純淨，這往外跨一步就會充滿異化變質為自私的風險，於是立功立言反成誇耀自我的工具而不免傷人傷己了。於是人便應該放下這向外的功名追逐，反求諸己，去重新找回自我生命的自由純淨統整，遂凸顯出道家型人格的存在價值，也就是哀駘它為什麼不立功不立言，僅靠生命純淨之德便能讓人心悅誠服的原因所在。

於是孔子回答哀公的疑問說：「我先跟您舉一個我個人的經驗為例來說明罷：我有一次出使到楚國，路上偶然見到一群小豬在剛死去的母豬身上吸食奶水。一會兒才發現媽媽已經死了，才都露出驚懼的神色逃走了。由此可知小豬們（人間的兒女也一樣）愛牠們的母親，不是愛牠的身體，而是愛牠形體內那作為形體主人的心或說生命之所以為生命的本質。所以戰死的士兵下葬時不用正常的棺飾去送行；因受刑被斷腳掌的人也不會再珍惜他的鞋子，原因無非是因為本體已經不存在罷了！所以服侍天子的宮女太監們，不剪指甲，不穿耳洞，就為了要維持形體的完整無缺。男性為僕娶妻之後就只能待在外宮，不能近身服侍天子，就因為他童貞已失。他們僅只是因為保存了形體的完整，尚且能居於較高的地位，何況是能保持精神完整純粹的人呢？就如哀駘它，他能夠不說一句道理，就以不言之教讓人信服；不做一件善事，就以真誠的感召讓人歸附；乃至於願意無條件把國政委託給他，還生怕他不接受。追究原因，不正是因為他的生命精神，常在純粹自由、和諧統整的狀態嗎？在這種狀態中的生命，是一種整體渾然的存在，所以不突出任何的才能與特質，這就是所謂『才全而德不形』。

「才全而德不形」這種「道家型人格」，到底是一種怎樣的生命存在狀態？下回我們還會有更進一步的疏解。

得工夫到家，境界才能呈現

……哀公曰：「何謂才全？」仲尼曰：「死生存亡，窮達貧富，賢與不肖，毀譽、飢渴、寒暑，是事之變，命之行也；日夜相代乎前，而知不能規乎其始者也。故不足以滑和，不可入於靈府。使之和豫，通而不失於兌；使日夜無郤，而與物為春，是接而生時於心者也。是之謂才全。」「何謂德不形？」曰：「平者，水停之盛也。其可以為法也，內保之而外不蕩也。德者，成和之修也。德不形者，物不能離也。」哀公異日以告閔子曰：「始也，吾以南面而君天下，執民之紀而憂其死，吾自以為至通矣。今吾聞至人之言，恐吾無其實，輕用吾身，而亡吾國。吾與孔丘，非君臣也，德友而已矣！」

——〈德充符〉第四段

上文孔子對哀公的疑問用「才全而德不形」來詮釋哀駘它的生命存在狀態，也就是所謂「道家型」人格。但什麼叫「才全而德不形」呢？哀公還是不甚明白，遂追問這是什麼意思。

關於「才全」，孔子回答說：「所謂才全，就是維持自我生命的和諧統整，絲毫不受外在環境條件變化的影響的意思。例如形體的生死存亡，人生際遇的順逆貧富，稟賦的賢能愚昧，外人對我的稱讚毀謗，乃至生活的飢寒飽暖等等，這些都是外在環境的條件變化與生命內在的機體運作互動相涉而形成的事象。就像日夜交替一樣亙古不息，也是我們以一己有限的知能無法預先規劃掌控的。既然如此，我們就不如放下一切想要掌控的思慮，欣然接納這一切的變化，這樣反而不至於干擾我們的心靈，損傷生命的和諧。我們應當對這一點時時心存警惕，讓生命始終不失平靜安和。一方面生命對外界完全開放流通，但同時又不受外界影響而常保和悅（『兌』，悅也）。讓我們的生命隨順外界的變化而變化，與所遇的外物完全沒有一點兒嫌隙扞格（『郤』同『隙』），只有相融為一體，和樂如春天。就因為生命能完全開放去接納萬物，而應機適時地在心中呈現一片和諧的境界啊！這就是所謂才全。」

至於「德不形」是什麼意思？孔子的詮釋是：「那就是讓生命維持整全和諧的工夫，已經做到圓融無跡的化境的意思。這就好像水的本來面目應該是絕對平靜，連一絲漣漪都不起的，是受到外界干擾才失去它的平靜。所以水也要靜置到完全平鋪時才呈現他的本性，而足以為人所取法。我們做修心工夫，也應該能內保其心的平靜，而完全不受外界影響才是。所謂德，就是指維持生命和諧的修養工夫；要修養到自自然然，完全不顯修養相的時候，才能達致與外物為一體而不相離的才全境界啊！」

哀公聽了孔子的解釋，當然大為嘆服。有一天遇到孔子的學生閔子騫，就跟閔子說：「我當初即位執政的時候，全心全力為民服務，自以為是個一百分的國君。一直到聽聞孔子說的這一番至理名言，才警覺到自己修行的不足，懂得不要魯莽行事，以致為害國家。我對孔子哪裏敢用君臣之禮相待呢？他根本是我可敬的老師啊！」

別忙著美容而忘了修德啊！

闉跂支離無脤說衛靈公，靈公說之；而視全人，其脰肩肩。甕㼜大癭說齊桓公，桓公說之；而視全人，其脰肩肩。故德有所長而形有所忘，人不忘其所忘，而忘其所不忘，此之謂誠忘。故聖人有所遊，而知為孽，約為膠，德為接，工為商。聖人不謀，惡用知？不斲，惡用膠？無喪，惡用德？不貨，惡用商？四者，天鬻也。天鬻者，天食也。既受食於天，又惡用人？有人之形，無人之情。有人之形，故群於人；無人之情，故是非不得於身。眇乎小哉！所以屬於人也。謷乎大哉，獨成其天！

——〈德充符〉第五段

莊子在連續舉了四個形體殘缺的全人為例（就是王駘、申徒嘉、叔山無趾、哀駘它），以說明人格的完整，要點在德不在形之後，第五段就作了一個歸納總結。為連接文氣，莊子還是先再略舉兩例，以方便切入結論。莊子說：

有一個腳拐形殘甚至缺唇的人去見衛靈公，靈公在與他相處談話之後，非常歡喜，連他的怪異形貌都愈看愈順眼了，反而轉看一般形貌正常的人，還嫌他們頭頸太纖細呢！

同樣，另外一個身上長了像陶甕那麼大的腫瘤的人去見齊桓公，桓公和他相處之後，也是心中大悅，對他也是愈看愈順眼，反而嫌一般正常人的頭頸太細弱呢！

我們由此可知：當一個人擁有完整純淨的生命品質，足以讓與他相處的人如坐春風的時候，別人對他的形貌美醜是會完全渾忘、完全不在意的。但可嘆的是，世人常常太過在乎人（尤其是自己）的外在容貌（那正是該放下渾忘的），而對最該著意修養的內在生命品質卻反而忽略了！這才是最嚴重的疏忽啊！

原來聖人完全是憑著生命內在的真誠感應去和世人相處和樂的。但一般世人在經營人際關係時，卻是依賴種種人為的工具，例如知識（那其實多餘）、契約（那反而把人綁住）、社會規範（也只是形式的連結罷了）、技巧（事實也只是利益的交換）等等。但聖人隨緣感應，從不事先計劃，又哪裏用得到知識？和他人的生命從來就是一體沒有損傷，又哪裏需要彌補？生命本來周流自在而與人無隔，又哪裏需要靠社會的規範來溝通人我？從來不靠外在條件來吸引他人，又哪裏需要種種各取所需的利益交換？

原來聖人的這四種態度（不謀、不斲、無喪、不貨），全是天賦的真性情，靠著這天賦的自然，就已經無往而不利了！又哪裏需要利用後天人為的工具呢？所以聖人和一般世人相比，當然也同屬人類，但重要的是沒有一般人都難免的如自私、執著、誤認、計較等等病痛。正因聖人也是人，所以願與世人和樂相處；但也因他沒有世人的通病，所以生活不會有煩惱。從同屬於人而言，聖人其實也很平凡；但如果從內心修養到能通於宇宙的境界而言，聖人其實是很偉大的啊！

真生命與真價值之辨

惠子謂莊子曰：「人故無情乎？」莊子曰：「然。」惠子曰：「人而無情，何以謂之人？」莊子曰：「道與之貌，天與之形，惡得不謂之人？」惠子曰：「既謂之人，惡得無情？」莊子曰：「是非吾所謂情也。吾所謂無情者，言人之不以好惡內傷其身，常因自然而不益生也。」惠子曰：「不益生，何以有其身？」莊子曰：「道與之貌，天與之形，無以好惡內傷其身。今子外乎子之神，勞乎子之精，倚樹而吟，據槁梧而瞑。天選子之形，子以堅白鳴！」

——〈德充符〉第六段

終於來到〈德充符〉的最後一段。在歷論人格之健康完整在德不在形之後，莊子藉與惠施的問答，把問題的焦點轉到對「感情」涵義的釐清，以為全篇作結。

有一次，惠子半請教半挑釁地問莊子說：「作為一個人，難道應該都不動感情嗎？」莊子說：「對呀！」惠子說：「一個人如果都不動感情，那還能算是人嗎？」莊子說：「老天爺明明給了我們這麼一個人的形軀容貌，怎能說不是個人呢？」惠子說：「既然稱之為人，又怎麼可能沒有人人都必然具有的喜怒哀樂諸般感情呢？」莊子說：「我所謂的不動感情，不是指沒有喜怒哀樂等等感情，而是指不執著某一項感情以致造成生命的創傷。也就是說：感情應該隨感隨應，過而不留。這樣才不致滯留在某種情緒之中，讓生命卡住不能流動呀！」惠子說：「人生本來就應該努力奮鬥，去追求去實現某種理想目標。如果不善用我們的天賦才能去追求理想，那人生不就白活了嗎？」莊子說：「我的看法恰恰跟你相反，我認為老天給我們的已經是完整的生命。我們只要忠於自己，活得自在；不因為追求無謂的虛榮反而糟蹋了生命的自然，那才是最真實的人生。就以惠先生您來說罷：依我看，您正是看輕了您的生命本真，反把寶貴的生命當成追求虛榮的工具去過度操勞。所以才會隨時隨地都在思考工作，連覺都不好好睡。雖然成為著名的邏輯專家，但真的對得起老天爺給你的這副好身材嗎？」

原來莊子和惠施的分別，根本就在人生觀價值觀的不同。惠施把生命當工具，功業當目的；若目的不能達成，當然就會產生挫折感而內傷其身。莊子卻是把生命當目的，功業當過眼雲煙；所以凡事隨緣就好，不須有成敗的執念，自然就能無入而不自得了！

當然，在此還會有一個衍生的疑問：追求理想，如真善美、不朽等，真的都不對嗎？那孔孟說的都騙人囉？孔孟說的當然不錯，但那是指根源在內，基於自由意願、道德感情而創造出來的意義感。那仍是一種忠於生命的自我實現，而不是把種種外在的目標如名利權位等當成價值去追求，以致徒然造成許多生命自我的委屈挫折乃至出賣。原來莊子要強調的是真生命，想分辨的是不要把外在的假價值當真價值，至於孔孟所論的自我實現之道，莊子其實是不會反對的。

卷六　大宗師

善待人生就自然不怕死

知天之所為，知人之所為者，至矣。知天之所為者，天而生也；知人之所為者，以其知之所知，以養其知之所不知，終其天年而不中道夭者，是知之盛也。雖然，有患。夫知有所待而後當，其所待者特未定也。庸詎知吾所謂天之非人乎？所謂人之非天乎？且有真人而後有真知。

——〈大宗師〉第一段

講完了〈德充符〉，我們來到《莊子》內七篇的第六篇：〈大宗師〉。這是內七篇中，義理閎深僅次於〈齊物論〉的一篇，而且主題涉及每一個實存生命的最大困惑與情結：死亡，所以其重要與難讀都是可想而知的。

我們先對篇名「大宗師」略作解釋：所謂宗師，乃指生命之道的根源所在，足為吾人所宗奉取法者，其實就是指每一個人的真我或主體性，這在篇中通稱為「真人」。真的，本篇從頭到尾，都在釐清何謂真人？原來要真切理解並且實踐地體驗到我是個真人，才能真不怕死，而解決這個生死的大惑。

第一段首先從天人之辨切入，原來人的生命要能如實不妄地存在，需要符合天道與人道兩個要件，莊子說：

我們若能真切了解老天是怎麼給我們這個生命的，又能明白人應該秉持如何的心態去看待這個老天賦予的生命，那大概也就是人生修養的極致了！那老天是怎樣給我們這個生命的呢？扼要地說就是老天要給我們什麼？不給我們什麼？要我們哪天生哪天死？老天都有百分之百的權柄。換言之，我們早晚都是會死的，沒有一個人例外。那麼，對這樣的必然命運，我們該用怎樣的心態去面對呢？答案就是好好活我們眼前當下的每一天，因為這是我們唯一有能為力的部分（其知之所知）。至於哪一天會死？就根本不用去揣想掛懷了！因為那是隨時可能發生，最終必然發生的事，是我們完全無能掌控的部分（其知之所不知）。所以，我們只要認認真真、快快樂樂地活每一天，一直活到死亡自然來臨的那一天；而不無謂地用種種憂慮、營求去妄圖不死，結果反而傷生（中道夭），那就是善待生命的最高原則了！

當然，以上所說的道理就算是真理，也還是不夠的。因為只要是人說的，不管是知識還是道理，都無可避免地陷入概念分析、能所對列的格局之中；必須概念的內容與外延一一對應，才能有認知的效果（知有所待而後當）。而生命實存的認識，雖然也常寄託於形軀表相去隨緣指點，但生命偶然所寄託以呈現的有限表相，畢竟和無聲無臭的生命或道的本身是不一樣的。我怎麼知道當我偶然藉某一表相以指點生命實存之時，聽的人不會誤把表相（人）當生命（天）呢？結果就是我要指點的永恆生命別人以為就是有限形軀；我其實只是借用有限表相去指點生命，別人卻仍只是聽得懂這有限之相而聽不懂我背後要告訴他的道。

原來道是無法用語言告訴的，得要靠每個人自己去體悟，若對生命有真切體驗，自然聽得懂我講的話是什麼意思（有真人而後有真知），否則我講的也不過就是一堆無認知意義的空話罷了！

無知無欲，所以天機舒暢

……何謂真人？古之真人，不逆寡，不雄成，不謨士。若然者，過而弗悔，當而不自得也。若然者，登高不慄，入水不濡，入火不熱。是知之能登假於道也若此。古之真人，其寢不夢，其覺無憂，其食不甘，其息深深。真人之息以踵，眾人之息以喉。屈服者，其嗌言若哇。其嗜欲深者，其天機淺。

——〈大宗師〉第一段

莊子在〈大宗師〉一開頭點出要了悟生死之道，不能靠概念分析，必須靠實存體悟，也就是所謂「有真人而後有真知」之後，下面就逐步描述（不是論證）真人的實存表現會是如何？當然，不管他描述得怎樣活靈活現，依然只是一堆文字概念，是無法保證讀者看得懂的。讀者要真看得懂，還是得自己回到生活中去作實存的體會才行。至於讀莊子這一段段的文字描述，頂多只能有印證你的體悟，或啟發你回到自家生活中去試作體會的功能而已。

莊子在此分別從四個角度切入去解釋何謂真人？首先第一個角度就是「無知」，也就是放下對一切知識的預期習慣的意思。因為當知識應用在人為設定、依法操作的人文制度之時，是大體可以預測的（種瓜得瓜，種豆得豆，到月初就領得到薪水，憑年資考績就自然升官……），但用在生命的實存情境（例如何時會死）就不行了！所謂「天有不測風雲，人有旦夕禍福」。這時我們就須有豁達的心胸，作好迎接一切意外（而不視之為意外）的心理準備才是。莊子是這麼說的：

所謂真人，是不逃避失敗（不逆寡，以寡不如眾也），也不追求成功（不雄成，以雄優於雌也），總之是對未來的事不預作規劃（不謨士，謨即謀，士通事），只是順其自然，接納一切。存如此人生態度的人，遇事如果反應過當，事後也不會懊悔，因為都已經發生了，懊悔有什麼用呢？如果反應恰當，也不會得意，因為得意的事也一樣會船過水無痕的呀！真人能夠如此如實而達觀，所以即使遇到危險，也不會有心理上的緊張恐懼，如登臨懸崖、掉進深水，面臨大火等等；並不是他不會被淹死燒死，而是因為心理的穩定如常，其實反而有更多脫險的機會。（真的，如果運動選手有這樣的心理素質，臨陣就不會因緊張而失常了！）

以上是以「無知」一解真人，接著是以「無欲」二解何謂真人，無欲者，乃是因無知進而不致凝成種種心理慣性也。

所謂真人，是生活自然自在的人，他常一覺到天亮，連夢都不作；白天生活也都是順應自然，沒預期也不會失望。吃飯就是吃飯，不會留戀美味，呼吸就是呼吸，不會因緊張而急促。原來真人的呼吸是生命全體的反應（氣從腳跟通到喉嚨），一般人卻只是局部的操作。為什麼會這樣？就因生命有挫折壓抑，遂使氣不順暢，連說話都是含混不清的（哇，嘔吐也）。就因為他的生命被種種欲望情結所束縛，以致逐漸喪失了舒暢自在的本能啊！

不被概念束縛的自然人

……古之真人，不知說生，不知惡死；其出不訢，其入不距；翛然而往，翛然而來而已矣。不忘其所始，不求其所終；受而喜之，忘而復之。是之謂不以心捐道，不以人助天。是之謂真人。若然者，其心志，其容寂，其顙頯，淒然似秋，煖然似春，喜怒通四時，與物有宜而莫知其極。故聖人之用兵也，亡國而不失人心；利澤施乎萬世，不為愛人。故樂通物，非聖人也；有親，非仁也；天時，非賢也；利害不通，非君子也；行名失己，非士也；亡身不真，非役人也。若狐不偕、務光、伯夷、叔齊、箕子、胥餘、紀他、申徒狄，是役人之役，適人之適，而不自適其適者也。

——〈大宗師〉第一段

莊子在以無知一解何謂真人，以無欲二解何謂真人之後，再以無名三解何謂真人。無名者，凡事都只是應機作自然的反應，而不是心中先存某一項觀念，然後據此觀念為標準去引導自己的行為之謂也。其實無名也是從無知、無欲引申而來的。正因知是心靈對外物的一種執取，由此引動人對所執著對象的欲求。由此反覆，遂形成一種固定模式的觀念或概念，此即稱為名。人在社會生活的成長歷程中，總會學習到種種概念、知識，也很自然就按照這些概念系統去行為、去生活；好像生活也因此變得安穩有秩序了，卻不知活潑富有感受性與創意的生命，也因套在重重概念系統、行為模式中而僵死了！這就叫「適人之適而不自適其適」。

莊子是這麼說的：所謂真人，就是自然地活著，既沒有活比較好，死比較不好的觀念，也不會對生活中的種種際遇有迎有拒，他就只是從容地來，自在地去罷了！做每件事的時候，既不預設什麼目的（求其所終），做完也是立刻從這件事離開回到自己，而不會事後還念念不忘、沾沾自喜。當然正在做的時候，該高興他也會高興（受而喜之），但做完也就忘了，他自己還是原來的自己。這就叫做不讓心靈憑空塞進種種經驗概念、知識系統，以免損傷妨害了生命的自由完整（不以心捐道，「捐」應為「損」之誤）；也叫做不用人為的多餘法則去干擾生命的自然（不以人助天）。這就是所謂真人。

像這樣的真人會呈現出如何的樣子呢？他常是一念不起（其心志，志，止也），平靜到沒有表情，總之整個人就是一個渾沌（其顙頯，顙是額頭，頯是大的樣子）。他種種情緒行止的表現總是和環境氣候的變化相呼應而沒有一定的模式（極，法則也），所以在秋天他就自然顯得清冷，在春天他就自然流露溫暖。像這樣的真人，就算出兵亡了別人的國家，那國家的人民都不會恨他；同樣的，就算他在施政上沾溉了千萬代的後人，也只是自然而然，完全沒有存愛人之念。所以政治家只要有一絲行仁政的念頭，就不算是真正的政治家；待人存一點偏愛之心，就不算真正的仁者；要靠人為的時間表來做事，就不算真正的賢人；不能存在地感應周遭的訊息以作出合宜的反應，就不算真正的君子；只知按法定的規矩來辦事以致委屈了自我，就不算真正的士；總之，不能秉持生命的實感去為人處世，就不能真正做生活的主人。在歷史上像這種迷失自我的例子真太多了！如伯夷、叔齊等等都是。他們全都是只知按照外在社會設定的行為模式、價值標準去生活，而不知尊重自己真實的感情與感受，去活出真我的人啊！

自由與不自由相即為一體

……古之真人，其狀義而不朋，若不足而不承，與乎其觚而不堅也，張乎其虛而不華也，邴邴乎其似喜乎！崔乎其不得已乎！滀乎進我色也，與乎止我德也，厲乎其似世乎！謷乎其未可制也，連乎其似好閉也，悗乎忘其言也。以刑為體，以禮為翼，以知為時，以德為循。以刑為體者，綽乎其殺也；以禮為翼者，所以行於世也；以知為時者，不得已於事也；以德為循者，言其與有足者至於丘也，而人真以為勤行者也。故其好之也一，其弗好之也一。其一也一，其不一也一。其一與天為徒；其不一與人為徒。天與人不相勝也，是之謂真人。

——〈大宗師〉第一段

莊子以無知、無欲、無名解釋何謂真人之後，更徹底地以無相來理解真人，亦即消解所有人為的分別相，而將人還原為純粹的自然存在也。原來人最根深柢固的執著與誤認，便是誤從外在有限的形相去認取人本質無限自由的生命，遂誤以為人是有限的，而由此衍生出種種對人生的憂惑懼懼。卻不知人的形軀雖有限，心靈卻徹底自由。只要分清心與身，性與相的本末關係，便能超越形相上的限制，即有限即無限地領略這弔詭的生命自由了！莊子是這麼說的：

所謂真人，他的外貌可能高聳如山（「義」，峨也），卻不會崩頹（「朋」，崩也）；可能空虛如谷，卻不必去求充實（「承」，承接收納也）；他也好像有自己的原則（「觚」，邊有稜線的酒杯），卻不會固執不通；相反的，也好像很開放沒有原則，卻並非虛浮不實。他看似喜樂舒暢（「邴」，舒暢貌）卻並非徒然舒暢；看似好動不已（「崔」，動貌）卻並非徒然好動；看似和靄（滀）令人樂於親近（進我色）卻並非徒然和靄；看似寬厚可容他人來依止，卻並非徒然寬厚；看似嚴（厲）守世俗規矩卻並非徒然嚴謹；看似心胸高遠（謷）無可限量，卻並非徒然高遠；看似連綿無隙、靜默自閉，卻並非徒然自閉；看似婉順（悗）少言，卻並非徒然婉順。總之，他的生命自然靈動，你就是不能僅據偶然呈現的相狀來認定就是啦！

他的為人，大體可說是「以刑為體，以禮為翼，以知為時，以德為循」。什麼叫「以刑為體」呢？就是從容（綽乎）接受社會法規（刑）的約束（殺），守法而不逃避。什麼叫「以禮為翼」呢？就是遵守人人都遵守的禮俗去和世人相來往。什麼叫「以知為時」呢？就是處事總是順應時勢，該行則行，該止則止。什麼叫「以德為循」呢？總之就是和一般人（有足者）過著完全一樣的生活，讓世人以為他也和一般人一樣有生活的喜怒哀樂甘苦，而完全不察覺他其實有異於常人的內在自由（因自由或「道」不可說也）。

所以真人不管表現出來的是這一端還是那一端（好之或弗好之），他內心都一樣是自由的。他流露出自由的樣子時固然是自由的，即使表現出不自由的樣子，他也還是自由的。原來自由才是他的生命本質（天），不自由（包括自由相與不自由相）只是表相（人）罷了！而天與人、性與相，是相即的關係而不是矛盾對立（相勝）的關係。能做到這樣無限歸無限，有限歸有限，而兩不相妨，就不愧是真人了！

修成真人的核心課題：了生死

死生，命也，其有夜旦之常，天也。人之有所不得與，皆物之情也。彼特以天為父，而身猶愛之，而況其卓乎？人特以有君為愈乎己，而身猶死之，而況其真乎！泉涸，魚相與處於陸，相呴以溼，相濡以沫，不如相忘於江湖。與其譽堯而非桀也，不如兩忘而化其道。

——〈大宗師〉第二段

〈大宗師〉篇的第一段先提出一個真人的理想，而多方描摹真人的性相（無非就是無知、無欲、無名、無相）。但人要怎樣才能成為真人呢？第二段緊跟著提出要修養成為真人的核心課題，就是「了生死」，也就是徹底弄清楚生命是怎麼回事？死在生命中到底處在如何的地位？好化除人對死亡的恐懼，以成全這真實無疑的人生。

真的，「怕死」恐怕是所有人都不會有例外的核心憂懼——連自殺者，求死者都不例外。其中的弔詭與幽微，不是三言兩語可以說清楚的，因此才會構成人生的核心課題呀！也因此所有宗教與人生哲學才都一定要為它提出解答。

就中國傳統生命哲學的兩大主流：儒家與道家而言，儒家是從「人生意義的創造」這個角度去看生死的，道家則是從「生命實存的自由」這個角度去處理生死問題。

那麼，屬於道家巨擘的莊子是怎麼處理的呢？他用的其實是一個巧妙的「取消問題法」。其步驟有二，第一步是肯定在人生中死亡之必然，怕也沒有用。第二步是與其對死亡起無謂的憂懼，結果徒然對每一個生命實存的當下造成干擾；不如把這無效的憂懼扔了，好好掌握這當下唯一的生命存在！

莊子是這麼說的：

有生有死，這本來就是生命存在的真實內涵，就如同有黑夜有白天是日子自然的常態。這常態就稱為大自然（天），這是人不能干預（與）的，人只能懇切接納這生命存在的有限事實（情，事實也），而無須為這必然的死瞎擔憂。其實人只不過把大自然當父親看，就已經願意心悅誠服了，何況那比天更崇高的真理（道）呢？人只不過承認政治領袖是比自己更優秀的人，就已經願意為他效命了，何況那比君王更完美的道呢？

當人忘了遵從人生至高無上的真理去生活，以致陷於憂危之中，這時才猛省，才知道人生悅樂之可貴，不是太晚了嗎？就好像滋潤魚的泉水乾涸了，魚們都暴露在陸地上，這時才互相珍惜愛護，彼此用呵氣、用口水去沾溼對方的身體。但這時凸顯的相愛即使再動人，也不如大家優游在水量豐沛的大江大湖中，彼此相忘吧！同樣，人們執著於各種價值觀、意識形態；稱讚支持那些意見與自己相同的（例如堯），批評攻擊那些意見與自己相左的（例如桀），自以為是在愛人，在維持正義，結果徒然更增人間的紛亂；又何如把這些愛與正義都先放下，回到生命共同的源頭（道），相悅以解呢？

不求得便沒有失，不求生便沒有死

……夫大塊載我以形，勞我以生，佚我以老，息我以死。故善吾生者，乃所以善吾死也。夫藏舟於壑，藏山於澤，謂之固矣。然而夜半有力者負之而走，昧者不知也。藏小大有宜，猶有所遯。若夫藏天下於天下而不得所遯，是恆物之大情也。特犯人之形而猶喜之，若人之形者，萬化而未始有極也，其為樂可勝計邪？故聖人將遊於物之所不得遯而皆存。善夭善老，善始善終，人猶效之，又況萬物之所係，而一化之所待乎！

——〈大宗師〉第二段

如何才能了生死？莊子在〈大宗師〉第二段先提出一個「兩忘而化其道」（放下人為的兩端區分，而回歸整全無分別的生命根源：道）的原則性理念。但落實在生活中該怎樣去做呢？

莊子的提點是：對人生的際遇，當無揀擇地隨緣又全盤地接受。因為你若憑空設定某些人生理想去追求（例如求富捨貧、趨利避害等等），便立刻有落空的可能，而起患得患失之情。這時，代表一切失落的死亡陰影便悄悄進駐你心了！原來人所畏懼的死亡，根本不是指形軀肉身的銷亡，而是指人生中所有失落的經驗，與由此而來的負面感受，包括一切已擁有的事物（錢財、地位、名譽、健康、青春……）的失去、所求不遂的失望、經營無成的失敗等。人們只是借用形軀的死亡（這代表人生所有的總失落）來象徵罷了！換言之，「怕死」根本是人生問題的一環，而與形軀之銷亡無關。所以你是否能善處人生，正可以從人是否對「死亡」有正確的定見來觀察。莊子是這麼說的：

大自然賦予我們生命，其實是一串自生至死的歷程：祂先給我們一個形軀，然後我們就得為了養活這形軀而勞碌一生，直到晚年才能稍稍安逸，最終還是到一死才算放下所有的負累。在這過程中，我們要如何才能善處此生呢？最核心關鍵的要義就是讓死亡自然來臨，而不要讓死亡的陰影籠罩一生。

所謂死亡的陰影是什麼意思呢？其實就是指我們在人生中憑空設定某些價值標的去追求，獲得之後更處心積慮去希望能夠永遠保存，於是「終難免失落」的憂懼陰影便泛起了。打個比方罷：人寶貝他的一艘船，遂把它藏放在一個最安全的大湖深港之中，自以為萬全。但仍然可能會被有能力的高手在半夜趁你睡著時偷走。像這樣已儘可能找到相對最好的辦法去保存他的財產了，結果還是不免失落，不是白費心機嗎？其實最安全的辦法，就是把天下萬物都直接存放在這世界之中，不管誰拿去使用，都沒關係，都仍算是屬我所有，那就真沒人可以偷走了！將所有物都還諸天地，不求占有，這才是處物之道啊！

老天只不過給了你一個人身（「犯」，範也、模型也，即把生命原料注入人形模型中，壓製成人身）你就已很得意了，如果在你的人身中還放進永恆絕對的生命真理，讓你感受到人生的無上樂趣，那不是更完美嗎？所以聖人才要建立一個永遠只有生之樂趣而沒有死亡陰影的人生觀，好讓他自幼到老、從生到死，都無比快活。像這種有道之士，所有人都會羨慕，希望能過得也跟他一樣。何況那比所有聖人真人都更崇高，是所有生命的根源，所有美好生活的依據的無上真理呢？我們不是更應該去好好體會踐行嗎？

心中有道，人生才成為人生

……夫道，有情有信，無為無形；可傳而不可受，可得而不可見；自本自根，未有天地，自古以固存；神鬼神帝，生天生地；在太極之先而不為高，在六極之下而不為深；先天地生而不為久，長於上古而不為老。狶韋氏得之，以挈天地；伏戲氏得之，以襲氣母；維斗得之，終古不忒；日月得之，終古不息；堪坏得之，以襲崑崙；馮夷得之，以遊大川；肩吾得之，以處大山；黃帝得之，以登雲天；顓頊得之，以處玄宮；禺強得之，立乎北極；西王母得之，坐乎少廣，莫知其始，莫知其終；彭祖得之，上及有虞，下及五伯；傅說得之，以相武丁，奄有天下，乘東維，騎箕尾，而比於列星。

——〈大宗師〉第二段

莊子在〈大宗師〉第二段提出真人之所以為真人之道，無非在放下兩端分別的人為執著，而回歸於生命或道的永恆整全之後，遂在第二段的最後一節，廣論這永恆真實之道的無限功效。

莊子首先歸結出這身為一切生命存在之根源的道的本質性相，就是它事實上存在，卻完全沒有肉眼可見的形貌。它可能在心與心之間流傳領略，但完全沒有授受間感官可觸及的形跡。它本身就是宇宙萬有的根本、第一因，其上再無根源。所以在天地未生之前它就存在了，是它展現了神妙無方的創造性，創生了天地鬼神。基於它的絕對性，所以你完全不能用描述萬有相對形態的概念去描述它，例如它比天還高卻不宜稱為高（因為有高就有低），比地還深卻不宜稱為深，比天地還早存在卻不宜稱為久，比遠古還先存在卻不宜稱為老……總之，道是絕對的，只能意會，不能理解。

然後，莊子廣泛舉例，說明天地萬物、人間萬事，無例外的都因有了道才成其為萬事萬物，如豨韋氏、伏羲氏等古帝王，是因此才能主掌天地；北斗、日、月等星體是因此才能永恆運轉；山神堪坏、河神馮夷，是因此才成其為山川之主的山神河神；肩吾、黃帝、顓頊、禺強、西王母等神仙帝王，也都因此而能安處遨遊於山間雲際、玄極神宮，而且無始無終，永恆不死。乃至於人間萬事，彭祖也因為身上有道，才能活八百歲，親見從虞舜到春秋五霸的世事變遷；傅說也因此才能夠輔佐殷高宗武丁治理天下，最後自己也成為星神，駕著東維星、箕尾星在天際遨遊……

當然，莊子這一番例舉，不免有諸多神話成分，這固然與古代的社會民情有關，但也不妨從文學的角度，把這些描述視為文學的象徵，以烘染出道的玄妙不可方物的意象。其實這所謂的道，落實到人生體驗而言，不過就是通過正確的人生觀，讓我們能放下種種人為虛妄的概念造作，而如實地面對生活中每一當前剎那的經驗，遂使每一當下的人生都真實存在且富有意義，不致因妄想期待而招致種種失望、打擊、創傷罷了！這時，心中當下呈現的真實感，就成為美好的道了！

修道工夫無非就是放下一切執念

南伯子葵問乎女偊曰：「子之年長矣，而色若孺子，何也？」曰：「吾聞道矣。」南伯子葵曰：「道可得學邪？」曰：「惡！惡可！子非其人也。夫卜梁倚有聖人之才而無聖人之道，我有聖人之道而無聖人之才，吾欲以教之，庶幾其果為聖人乎！不然，以聖人之道告聖人之才，亦易矣。吾猶守而告之，參日而後能外天下；已外天下矣，吾又守之，七日而後能外物；已外物矣，吾又守之，九日而後能外生；已外生矣，而後能朝徹；朝徹，而後能見獨；見獨，而後能無古今；無古今，而後能入於不死不生。……」——〈大宗師〉第三段

〈大宗師〉第一、二段可說是提出了「真人」這一個人生境界的主題，並詳細分析了「真人」這一生命境界的內涵。然後第三段就要針對這一課題進行如何才能實現的工夫探討了！能有助於這種無知無欲無名無相的真人境界的工夫，會是哪種形態的工夫呢？無非就是自外而內，層層放下對生命存在所涉及的種種外在條件的依賴執著的工夫。這在老子，稱之為「為道日損」；在莊子，則主要稱為「坐忘」，或此處所謂「外」。而工夫到家時，老子稱為「自然」，此處則稱為「朝徹」、「見獨」，也就是生命處於絕對逍遙自在的狀態。

莊子是藉南伯子葵和女偊的一段對話來引起這工夫話題的：

有一次，南伯子葵問女偊說：「您年紀都已經這麼大了，為什麼臉色還像小孩子般紅潤呢？」女偊說：「那是因為我身上有道呀！」南伯子葵說：「那我可以跟您學這個道嗎？」女偊說：「唉呀！那可真有點兒為難呢！那主要是因為你目前的資質（生命的存在狀態）離道太遠了！原來學道須具備兩項條件，其一是生命的存在狀態不能離道太遠（聖人之才），其二是要有知道怎樣去引導你作工夫的好老師（聖人之道）。跟你舉個例子罷：我曾經教導過卜梁倚去作修養工夫。他是資質不錯的，只是不得其門而入；我呢？說生命資質其實不如他（可能是血氣衰了罷），但我是很會教的，我也很樂意真把他教成為一個真人。但以我這麼高明的老師，去教卜梁倚資質這麼好的學生（這已經是最容易成功的組合了），都尚且經歷了一番辛苦過程：我陪著他練放下一切執著的工夫，過了三天，他才能把最外圍的天下社會之念放下；過了七天，他才能把對身邊種種瑣事的習慣性執念放下；到九天之後，他才能把對形軀生命最強固的執念放下。這時他的心靈才達到純粹的清明（就像清晨一覺醒來，心中一塵不染），而照見自我存在原來是一種四無依傍，絕對獨立的狀態（見獨）；這時就再也沒有時間流逝、青春不再的憂懼，也可說是超越了生死的限制，而體驗到生命本質的永恆了！」

放下一切執著的確是不容易的，女偊嫌南伯子葵離道太遠而不想教他，應該就是他把無限心靈誤投射到有限外物上的執著太深的緣故罷！

生命逐步向自我回歸

「……殺生者不死，生生者不生。其為物，無不將也，無不迎也；無不毀也，無不成也。其名為攖寧。攖寧也者，攖而後成者也。」南伯子葵曰：「子獨惡乎聞之？」曰：「聞諸副墨之子，副墨之子聞諸洛誦之孫，洛誦之孫聞之瞻明，瞻明聞之聶許，聶許聞之需役，需役聞之於謳，於謳聞之玄冥，玄冥聞之參寥，參寥聞之疑始。」——〈大宗師〉第三段

上一回談到女偊跟南伯子葵說明如何才能達到真人境界的工夫修養歷程，其原則無非就是自外而內，逐層放下對生命存在所涉及的一切外在條件的執念。最後就能體現生命大清明（朝徹）的絕對自由境界（見獨）。這時，一切外在條件都不足以干擾他的生命存在，這就稱為「殺生者不死」。「殺生」者，取消一切對生命存在所涉外在條件的執著也。這些條件都是有限而暫時的，取消了之後就能呈現出生命存在的絕對自由（不死）了。但一般人卻相反地拚命維護那些有限條件（生生），如追求健康長壽、青春美貌，卻不知那反而會增添生命的無限負担（不生）。所以女偊說真人對人生偶然的種種際遇（其為物，即處置種種所遇的外在條件），是無所揀擇、無所迎拒的（將，順物也；迎，逆物也）；成也罷，敗也罷，都欣然接納。女偊稱這種無可無不可的心態為「攖寧」。並解釋這種接納一切際遇的心態也不是自然就有的；也都是在每一次際遇

中，從不免有所衝突摩擦（攖）到及時省悟放下（寧）而學到的（攖而後寧）。

南伯子葵聽完女偊這一番開示，不由得敬佩莫名，忍不住問女偊說：「這玄妙的生命真理，您是在哪兒聽聞到、是跟誰學到的呀？」於是女偊展開了一串傳道的譜系，大體上是從有形有相逐步追溯到無蹤無影，女偊說：

在傳道譜系中，最近的一環是文字紀錄（副墨之子，墨者字跡也，可以傳抄、印刷而出現副本，故曰副墨），文字紀錄之前是口耳相傳（洛誦之孫，洛即絡，絡續也，絡誦即一人接一人地傳話），口耳相傳之前是真實的感官經驗（語與文都是人為的紀錄），首先就是視覺經驗（瞻明，所謂眼見為憑也），視覺經驗之前是聽覺經驗（聶許，聶者，附耳之聲也；許者，那兒也，指聽聞到耳邊的聲音），聽覺經驗之前是生命的種種自然行動（需役，需者待也，止也，役者行也，需役猶言行止。視覺聽覺指外在的對象，需役則是開始回到自己身上），行動之前是自家生命情緒的自然抒發（於謳，於是語辭，無義；謳是唱歌，人自在時是會不自覺地哼歌），情緒抒發之前就是生命存在本身了，首先就是無形無相（玄冥，幽暗看不見也），再來就是無聲無息（參寥，寂寞無聲也），最後就是生命原始的存在（疑始，此時已完全不可說，故曰疑）。

原來女偊所說的生命真理，就是生命純粹的存在，沒有任何後天添加物的存在，乃是損之又損到極致的自存境界。

輕鬆面對病痛與死亡

子祀、子輿、子犁、子來四人相與語，曰：「孰能以無為首，以生為脊，以死為尻，孰知生死存亡之一體者，吾與之友矣。」四人相視而笑，莫逆於心，遂相與為友。俄而子輿有病，子祀往問之。曰：「偉哉夫造物者，將以予為此拘拘也！曲僂發背，上有五管，頤隱於齊，肩高於頂，句贅指天。」陰陽之氣有沴，其心閒而無事，跰躃而鑑於井，曰：「嗟乎！夫造物者，又將以予為此拘拘也！」

——〈大宗師〉第四段

上一段談到工夫修養的原則就是自外而內，步步將與生命存在相涉的種種外在條件的執著，一一放下，到朝徹見獨的地步。這一一放下的工夫就是忘，就是外。而放下歷程的最後一步就是「外生」，也就是把對生命（指形軀的存活）的留戀，亦即對死亡的憂懼放下。這可以說是道家修養工夫的核心，也是最後的難點與最真實的考驗所在。此所以莊子內七篇，在討論消除負累的三項目中，〈大宗師〉會列在〈人間世〉（放下人際關係的執念）、〈德充符〉（放下形軀美醜的執念）之後，就因本篇專論放下對死亡的執念之故。

莊子是通過一個個涉及病與死的故事來表顯的，首先是子輿如何自處其病痛的故事：

子祀、子輿、子犁、子來是四個好朋友。他們為什麼能成為好朋友呢？乃因他們有一致的人生觀。他們在溝通彼此的人生觀時曾這麼說：「誰能夠把生命的本質看透，徹底了解生與死根本就是一體，好比把生命的源頭（無）看成頭，把生活的歷程（生）看成軀幹，把死亡這生命的終點看成尾椎（尻），那我才樂意跟他做朋友。」結果他們都有此共識，四個人很有默契地相視一笑，不須說一句話心意就完全相通。他們就是因此結為好友的。

不久，子輿生病了，子祀就去問候他。子輿見到子祀，就用一種幽默揶揄的口吻跟子祀說：「偉大的老天爺呀！看你這回又把我擺布成什麼樣兒啦！」

老天爺用病痛把子輿擺布成什麼樣兒呢？簡單說就是「拘拘」，就是身體扭曲的樣子。若詳細點描寫，就是脊椎彎曲到背部凸起（發背），連五臟的脈管都顯出來了（青筋暴露），頭顱呢，則是低低的，以至下巴都埋到肚臍裏了（「齊」通「臍」）。因此雙肩高聳到比頭頂還高，頭上的髮髻也因低頭的緣故直指天際了！

但子輿雖然病重到形體支離（「陰陽之氣有沴」指生病，即氣血失調也。「沴」原指水行不利，引申為陰陽之氣不順），他的心情卻依然輕鬆自在，毫無憂愁恐懼等情緒負擔。只見他依然步履輕快（「跰䠮」，輕快貌，即「蹁躚」）地走到井邊去照見自己的身形（古人常以水為鏡），再說一遍：「嘩！你看老天爺這回又把我擺布成什麼樣兒啦！」……

參透存在的最大奧祕：偶然

……子祀曰：「汝惡之乎？」曰：「亡，予何惡？浸假而化予之左臂以為雞，予因以求時夜；浸假而化予之右臂以為彈，予因以求鴞炙；浸假而化予之尻以為輪，以神為馬，予因以乘之，豈更駕哉！且夫得者，時也，失者，順也，安時而處順，哀樂不能入也。此古之所謂縣解也，而不能自解者，物有結之。且夫物不勝天久矣，吾又何惡焉？」

——〈大宗師〉第四段

上回談到子祀、子輿、子犁、子來四個人因人生觀相同（即視生死為一體）而結為好朋友。然後對這人生觀的存在考驗來了，首先就是子輿生病，而且嚴重到病體支離。如果這超脫死亡的人生觀是玩假的，子輿就難免會顯出痛苦憂心的樣子，結果子輿在子祀來探病時，仍用幽默輕鬆的口吻說：你看老天爺這回又把我擺布成什麼樣子啦……

於是子祀就好奇地問子輿：「你病成這個樣子，難道一點兒煩苦的心情都沒有嗎？」子輿說：「沒有呀！我有什麼好煩苦的呢？不管老天爺丟給我什麼命運，我欣然接受就是了！如果哪天（「浸假」是浸潤假借，即「說不定哪一天」的意思）祂把我的左臂變成一隻雞，我就每天清晨叫人起床（『時夜』、掌管報時也，『時』是動詞）。或者哪天祂把我的右臂變成一張彈弓，我就用它來打下飛鳥烤成美食。或者那天祂把我的軀體（『尻』是尾椎，代表全軀幹）變成一輛車（『輪』指車，與『尻』一樣都是以部分代全體的修辭法），把我的精神變成一匹馬，我就駕著這輛馬車四處遨遊，一點兒都不考慮換別的車子！原來生命本來無常，一切際遇無論得失，都是偶然發生的事實。我們只要放下心中所有的執著預期，安然地接納每一當前剎那發生在我面前的際遇，自然就不會引發種種或憂或喜的無謂情緒了！人如果能夠秉持這樣通達的人生觀，就能消解自古以來凡人所難免，那最普遍的存在苦痛了（『縣解』，如倒懸般的苦痛獲得消解也）！但這麼清楚明白的離苦之道為什麼一般人總無法做到呢？原因無他，都因心中積聚了種種因執著而生成的情結習氣罷了！但這些虛妄的人為造作又怎麼可能違反天理而獲得成功呢？我因此對一切際遇都平心接納，毫無煩苦啊！」

在子輿這一段「了生死」的義理表述中，最重要的字眼就是「時」，最重要的人生態度就是「順時」（或「安時處順」）。「時」是什麼意思呢？就是指每一眼前當下這一幾（幾微義，一剎那也）在我面前發生的任何事，本質都是完全沒有理由的偶然。即使事先據統計所得的發生或然率高達百分之九十九點九九的常態，它的例外仍可能在每一個剎那發生，而顛覆了據或然率所作的推測。這時一般人便會有心理上的意外打擊了！所以莊子就提醒我們，不要誤把極高的或然率輕率等同於必然，應當把那極微小的例外可能仍時時放在心上，那麼當它事實上真發生在我身上的時候，才能以充分作好的心理準備，第一時間接納（順時），而不致起受打擊的反應。這就是莊子參透天機的自處之道。

有健全人生觀才能安然迎接死亡

……俄而子來有病，喘喘然將死，其妻子環而泣之。子犁往問之，曰：「叱！避！無怛化！」倚其戶與之語曰：「偉哉造化！又將奚以汝為？將奚以汝適？以汝為鼠肝乎？以汝為蟲臂乎？」子來曰：「父母於子，東西南北，唯命之從。陰陽於人，不翅於父母，彼近我死，而我不聽，我則悍矣！彼何罪焉？夫大塊載我以形，勞我以生，佚我以老，息我以死。故善吾生者，乃所以善吾死也。今之大冶鑄金，金踊躍曰：『我且必為鏌琊』，大冶必以為不祥之金。今一犯人之形，而曰『人耳人耳』，夫造化者必以為不祥之人。今一以天地為大鑪，以造化為大冶，惡乎往而不可哉！成然寐，蘧然覺。」

——〈大宗師〉第四段

在〈大宗師〉第四段，莊子先藉四位好朋友中子輿生病，子祀探病的對話情節，點出生命存在的核心奧祕：偶然（即「時」）。對於這眼前當下發生的事實（命），我們只能如實接受，而不能據任何人為歸納以往事實所得的或然數據或理論來加以質疑，這就是健全人生觀的核心要義（所謂「知命」）。

在病痛的考驗之後，更嚴重而直指偶然命運核心的考驗當然就是死亡。在寓言情節上這回是子來病重將死，子犁去探問：

在子輿生病的事件發生後沒多久，子來生病了，病得很重，連呼吸都很困難，以致他的妻和子女們都圍在他身邊哭泣。子犂去探問，見到這情景，就喝斥他們說：「你們趕快走開，不要驚擾他死亡的自然進程！」然後靠著窗邊和子來說：「偉大的造物主啊！這回又要怎樣擺布你、要把你帶到哪裏去啦？準備把你變成老鼠呢？還是蟲豸呀？」子來說：「對身為兒女的我們來說，父母要命令我們去哪兒，我們就只能聽命去哪兒。死神對我們的威權也跟父母差不多（『不翅』亦作『不啻』，『相當』之義），當祂要來拘提我，如果我拒絕服從，那是我的越分，又哪兒能歸咎於祂呢？老天爺賜給我們這個生命，本來就包括由生到死的全部歷程：我們出生了，成長了，擔負起生活的責任；然後老了，也卸下服務社會的重擔安享餘年；然後死了，得到永恆的安息。所以我們本來就該抱持這樣健全完整的人生觀，才能在死亡來臨時作出最好的回應啊！就好比冶金大師正準備把銅鎔液鑄成器物，那銅鎔液如果竟然跳起來宣稱：『我一定會被鑄成一把寶劍（「鏌琊」）又作「莫邪」，古寶劍名）。』那冶金大師一定會認為這銅溶液帶著邪氣，反而把它廢棄了！同樣的，老天爺正準備把生命原料倒進人的模型中（『犯』同『範』，模型也），那原料若竟然會發聲說：『我就說會被模造成人罷！』那造物主一定會認為這是個不祥的人。現在我不妨把宇宙比喻為大鎔爐，老天爺比喻為冶金大師，他要把我鑄造成什麼物件都行，我又有什麼命運是不能接受的呢？」於是子來就這麼自然渾然地度過了他的一生；到撒手歸去時，反倒像是在酣然的夢中醒來呢！

道家式的人生態度

子桑戶、孟子反、子琴張三人相與友，曰：「孰能相與於無相與，相為於無相為？孰能登天遊霧，撓挑無極，相忘以生，無所終窮？」三人相視而笑，莫逆於心，遂相與友。莫然有閒而子桑戶死，未葬。孔子聞之，使子貢往侍事焉。或編曲，或鼓琴，相和而歌曰：「嗟來桑戶乎！嗟來桑戶乎！而已反其真，而我猶為人猗！」子貢趨而進曰：「敢問臨尸而歌，禮乎？」二人相視而笑，曰：「是惡知禮意！」子貢反，以告孔子，曰：「彼何人者邪？修行無有，而外其形骸，臨尸而歌，顏色不變，無以命之。彼何人者邪？」

——〈大宗師〉第五段

在上一段，莊子通過子祀、子輿、子犂、子來這四位好朋友展示了「道家式友道」，就是各自回歸到生命的根源，在無差別處呈現了生命的原始默契。所以可以相視而笑，莫逆於心，以不溝通來溝通。所以可以不被生命歷程中種種暫顯的差異相所影響，包括生病瀕死，都能以達觀即時放下。

到這一段，依然是通過另外三位好朋友：子桑戶、孟子反、子琴張的同樣默契式友誼來展現莊子的無為之道；只是這回的差異相更嚴重了，就是直接面對死亡：

子桑戶、孟子反、子琴張是三位交情極好的朋友。他們的訂交辭是這樣的：「誰能做到以不來往為來往，以不做任何事來做事？誰能做到神遊宇宙，而且靈妙無方（「撓挑」，宛轉靈活也），完全不在意人生的種種際遇，而就此終老？」結果三人都欣然同意，遂結為好友。

過了一陣子，子桑戶死了，還沒下葬。孔子聽說了，就派了他的學生子貢去協助處理喪事。結果去到他們聚居的場所，卻看到孟子反和子琴張一個在編織竹籃，一個在彈琴，一起在唱著這樣的歌：「唉呀桑戶啊！唉呀桑戶啊！你（『而』，你也）都已經回到生命的真實源頭了，而我們還在人間流浪呢（『猗』是語尾助詞，猶『兮』）！」子貢快步走到他們跟前，不解地探問：「對不起！請教兩位：好朋友過世了，兩位不但不悲傷，還在他遺體前彈琴唱歌，這樣合乎禮數嗎？」孟子反和子琴張互望了一眼，笑笑地說：「這個人明白世上種種禮數的制訂，真正的用意在哪裏嗎？」子貢不得要領，只好告辭回來向孔子稟報：「像他們三位到底算是哪一種人呀？他們完全不管人間社會的常規定俗，甚至不在乎形軀的生死存亡，以致老朋友死了，還在他遺體前面唱歌，而沒有一丁點悲傷的表情。我實在無法理解（『命』、命名、歸類的意思），請問老師：我們到底該怎樣看待他們呢？」

莊子藉他們三位的行誼，展示了一種道家式與俗眾不同的人生態度；也藉子貢之口，提出了世俗觀點的疑問。而孔子或說莊子會怎樣回答呢？且等下一回再來討論。

穿透假相，直指真心

……孔子曰：「彼遊方之外者也，而丘遊方之內者也。內外不相及，而丘使女往弔之，丘則陋矣。彼方且與造物者為人，而遊乎天地之一氣。彼以生為附贅縣疣，以死為決疧潰癰。夫若然者，又惡知死生先後之所在！假於異物，託於同體；忘其肝膽，遺其耳目，反覆終始，不知端倪；芒然彷徨乎塵垢之外，逍遙乎無為之業。彼又惡能憒憒然為世俗之禮，以觀眾人之耳目哉！」

——〈大宗師〉第五段

上回談到子桑戶死了，孔子派學生子貢去探望並協辦喪事，卻見他的兩位知交（能做到相視而笑，莫逆於心的知己朋友）孟子反、子琴張在場，不但毫無哀戚，還一邊編籃子、一邊彈琴唱歌。子貢大為不解，就回來問孔子要怎樣理解他們的行為……

孔子說：「他們根本是活在人文體制以外的人，而我卻是生活在人文體制之內。這是完全不相干的兩個世界，我竟然按照人文世界的禮數派你去弔問，這真是我一時不察所造成的失誤。那他們所處的那個在人文體制以外的世界是個怎樣的世界呢？不妨說就是個回到生命根源處，還沒有任何人為分化、制度運作的自然世界；所以是穿透各人有限而特殊的表相，而直接和彼此的純粹精神相感應的，所以彼此沒有任何隔閡而生命通流為一體（遊乎天地之一氣）。

秉持這純粹無隔，一體通流的立場，他們看待這有限而無常的肉體生命、現實人間，就會認為所有分殊差異、枝節計較，都是多餘的（就像身上長出的贅疣）；形軀的消亡、體制的撤除，反而會讓生命回到更健康自然的狀態（就像把身上多餘的腫瘤割除）。他們既然秉持這樣的人生觀，又怎麼會認為生比死更貴重值得珍惜保存呢！（『死生先後』，以生為先，以死為後也。）

當然，這裏所謂的生死，並不是指生活與死亡的事實，而是指對生與死的看法。他們的人生觀其實是更看重精神層面的真我，認為那才是絕對永恆普遍同一的存在（你我以及所有人的心或良知佛性，都是同一個真心良知佛性，此之謂『同體』）。至於你我各有差異的有限形軀，只是真我暫時寄託的假相（假者，暫時假借義），這就是所謂「假於異物，託於同體」（你我相同的真體，暫時寄託在不同的形軀之中）。因此，他們當然不在乎形軀的種種差異乃至死生等等生理運作（忘其肝膽，遺其耳目，反覆終始，不知端倪），而是即形軀生活的每一個當下機緣，都心遊物外，自得逍遙（『芒然彷徨乎塵垢之外，逍遙乎無為之業』，『芒然』同『茫然』，心無分別也。『彷徨』，行無所主也）。所以，他們又怎麼會耗費精神去斟酌計較世俗禮儀的瑣碎細節，好符合世俗符合常規的期望，取悅大眾習慣性的感情呢！」

你要選擇世俗的功名還是生命的悅樂？

……子貢曰：「然則夫子何方之依？」孔子曰：「丘，天之戮民也。雖然，吾與汝共之。」子貢曰：「敢問其方。」孔子曰：「魚相造乎水，人相造乎道。相造乎水者，穿池而養給；相造乎道者，無事而生定。故曰：魚相忘乎江湖，人相忘乎道術。」子貢曰：「敢問畸人。」曰：「畸人者，畸於人而侔於天。故曰：天之小人，人之君子；人之君子，天之小人也。」

——〈大宗師〉第五段

上回說到孔子派子貢去弔子桑戶之喪，子貢到了現場，卻見子桑戶的兩位好友鼓琴編曲，毫無哀戚。遂回來向孔子問疑。孔子乃為子貢說明他們是活在人文社會之外的自然世界（方之外），不像我們是活在方之內……

於是子貢好奇地問孔子：「那老師你要選擇生活在方之外還是方之內呢？」孔子嘆一口氣說：「我（丘是孔子的名，即孔子自稱）長久生活在人文體制之中，受到體制規矩的約束傷害，早已不是自然世界中完整的生命了（『戮民』，受傷殘缺之人也）！但雖然如此，我還是可以跟你（以及同學們）一起用功修養，好回到那純樸自然的人生。」

子貢問道：「那要怎樣去做這種返樸歸真的工夫呢？」孔子說：「魚要達到生命存在的自由逍遙境界（『相造』即『造之』，達到預定目的地的意思），得靠著水的支持，所以我們才要鑿一個魚池，注滿了水去養魚；人要恢復生命的自然純真，則要依循生命的原理去修持。生命的原理是什麼呢？就是自然無為。所以我們也要時時提醒自己：心中不要記掛、執著種種由人憑空設定，其實可有可無的俗事，這樣才能慢慢恢復生命原有的寧定安穩。所以才有這麼一句格言說：魚是在水量豐沛的大江大湖中才能渾忘了自己的存在，人則是藉著依道修行逐漸回到自然的世界，從而渾忘了濁世的煩憂。」

子貢似乎聽得似懂非懂，心中卻不免記掛著孔子一開頭說的「丘，天之戮民也」這句話。既然連老師都算受傷殘缺，那我們算什麼？而且，我們在人文社會中好歹豐衣足食，甚至躋身上流，難道連衣食不周，生活貧困的子桑戶他們都不如嗎？到底誰才算正常誰才是不正常呀？於是子貢忍不住問孔子正常不正常的標準到底在哪裏（「畸」不正常也。「畸人」常指五官不正、肢體殘缺的人）？

孔子明白子貢心中的疑惑與不平，遂如此開示：正常的標準有兩種，一種是社會運作意義的正常，也就是統計上符合大多數（常模）的狀況就叫正常。這可稱「人為的正常」。另一種則是生命存在意義的正常，也就是符合生命存在之道如心境的自由、逍遙、統整、平衡等等才叫正常。這可稱為「自然（天）的正常」。但這兩種標準在現實上常常是互相矛盾的，不符合社會常模（畸於人）的人未必不快樂（侔於天）。不符合天之標準的（天之小人），有可能是人間的成功人士（人之君子），但富人要進天堂卻可能比駱駝穿過針孔還難呢！就看你在這兩種標準中，更看重哪一種標準了！

活在當下的人生態度

顏回問仲尼曰：「孟孫才，其母死，哭泣無涕，中心不慼，居喪不哀。無是三者，以善處喪蓋魯國。固有無其實而得其名者乎？回一怪之。」仲尼曰：「夫孟孫氏盡之矣！進於知矣！唯簡之而不得，夫已有所簡矣。孟孫氏不知所以生，不知所以死；不知就先，不知就後。若化為物，以待其所不知之化已乎！且方將化，惡知不化哉？方將不化，惡知已化哉？……」

——〈大宗師〉第六段

〈大宗師〉的主題是談生死問題，但死亡的本質到底是什麼呢？原來並不指形軀的銷亡，而是指人對形軀的存在有一種難以自已的期待，卻因此必然帶來期待落空的心理打擊，由此衍生出種種失望恐懼，這恐懼即總名為「怕死」，然後又回過頭來投射到形軀銷亡之上，遂令人錯以為人之怕死，是怕形軀之銷亡了！

莊子在第六段，便藉著孔子與顏回的一段答問，來指出這心理上的關鍵要點。

顏回有一次向他老師孔子如此提問：「孟孫才這個人，他媽媽逝世的時候，他既沒有流淚，心中也沒有哀戚之情，守喪的日子更是一切如常，不顯悲傷，但竟然以善於治喪名滿魯國。他難道真的是一個浪得虛名的人嗎？我實在覺得很難理解。」

孔子說：「其實孟孫先生的處喪表現，可說是十分完美了，比一般只知按照既定儀式去治喪的人高明太多了！高明在哪裏呢？就在一般人都是捨本逐末，早已無法回到生命清簡樸實的源頭了！但孟孫先生卻真能做到。他是怎麼做的呢？就在他的人生態度是完全忠於眼前當下這唯一真實的生命存在，他既不去追溯這眼前一幾是從哪裏來的（不知所以生），也不掛懷這眼前的生命未來會走到哪裏去（不知所以死）；既不跟人爭先，也不故意落後，總之是刻刻都活在當下，所以他的人生刻刻都是圓滿無缺的。

但一般人卻不是這樣，他們總是心中預設了一個人生的藍圖，包括美好的人生理想、合理的生活秩序等等。於是在每一個當下就不免都是朝預定的方向前進，估量著下一步會發生怎樣的變化（若化為物）。但事實上人所有的預期都是不必然會發生的，就算人為他預期的目標作足了準備，選用實現的或然率高達百分之九十九的方式來耕耘，也不能保證那百分之一的意外絕不會發生，於是意外的打擊就本質上難免了！這就叫「待其所不知之化已乎」（在等待他其實根本沒把握的預期變化的發生實現）。也就是說：「當你預期未來應該有如此變化的時候，你怎麼知道它也許根本不會變化呢？或者：當你預期未來應該不會有什麼變化的時候，你又怎麼知道它也許已經開始變化了呢？」

真的，所謂「計畫趕不上變化」，所有計畫其實都僅供參考，心理上要隨時準備好隨環境變化而應變，也就是仍當以每一個當下為生活的重心，才不會被意外所打擊啊！

刻刻都如實活在「道」之中

「……吾特與汝，其夢未始覺者邪！且彼有駭形而無損心，有旦宅而無情死。孟孫氏特覺，人哭亦哭，是自其所以乃。且也相與吾之耳矣，庸詎知吾所謂吾之乎？且汝夢為鳥而厲乎天，夢為魚而沒於淵。不識今之言者，其覺者乎？其夢者乎？造適不及笑，獻笑不及排，安排而去化，乃入於寥天一。」

——〈大宗師〉第六段

孔子在為顏回描述了孟孫才這種刻刻都如實活在當下的人生態度之後，跟著便用「夢」與「覺」的對比來說明世人的一般生活態度（夢）和孟孫才的生活態度（覺）的本質差異。孔子說：

「就拿一般人——包括我和你——的生活態度來說罷！和孟孫才相比，就像一直沉睡在夢中，從未醒過來一樣，當然是完全不能理解清醒人生是何種境界。孟孫先生就是一個覺醒的人，所以他的言行雖然與眾不同（如母死竟然哭泣無涕，中心不慼，居喪不哀），而讓人詫異（即所謂『駭形』，讓人驚駭之表現也）；但其實是擁有一顆十足健康，毫無缺陷的心。表現於言行，他只是隨形軀生活變化之緣而有相應的變化（『有旦宅』，心有暫時旦夕寄寓於形軀也），但他的心其實是永恆存在，並無生滅的（『無情死』，『情』是真實義，即：心其實並無生滅之變化也）。孟孫先生秉如此清明的覺心，雖然人哭就跟著哭，人笑就跟著笑，卻完全是出於他的自由意願而不是被動（『自其所以乃』，『乃』者，如是也，即一切皆出於其自然如是之心也）。至於一般人就不是如此自由自在了，他們都只是活在他人的期待、要求之中罷了（『吾』是動詞，『相與吾之』就是互相界定其自我內涵，即互相要求期待、互相束縛綑綁而皆不得自由也）！而有誰真明白我所說的真我是什麼意思呢（庸詎知吾所謂吾之乎）？人們只是偶爾夢為鳥而一飛沖天，就誤以為自己是鳥；偶爾夢為魚而沉入水底，就誤以為自己是魚；卻不知道這些都是偶然暫時的假相，而並非真我。就像現在我正在跟你說話，你能明辨當下的這個情境，是真我自覺的表現還是假我執著的夢境嗎？原來兩者的差別，就在你的心是否剎那剎那都密切呼應著世界的流變而全無脫離與隔閡，還是忍不住從真實流動的情境中跳出來，對這情境有了一些些的紀錄與回味？（而就在這記錄、回味之時，心已經不和當下此剎那的情境相應，而與之疏離了！）其實當我們偶逢適意的情境之時，應當專心體會這當前剎那的適意，是連針對這適意之情作出滿意的喜笑反應都來不及的（『造適不及笑』，『造』是遇到的意思），而由衷當幾的笑也一樣，當人自然地發笑之時，也是連忍都忍不住的（『獻笑不及排』，『獻』是表現的意思，『不及排』，無法排除，即強忍不笑也）。當我們能完全做到隨順大化的安排（安於排而去於化），而全無私意做作的時候，我們就真刻刻如實地活在自然的道世界之中了（寥、天、一都是指道）！」

誰不是經歷一番辛苦才得道的呢？

意而子見許由。許由曰：「堯何以資汝？」意而子曰：「堯謂我：『汝必躬服仁義而明言是非。』」許由曰：「而奚為來軹？夫堯既已黥汝以仁義，而劓汝以是非矣，汝將何以遊夫遙蕩恣睢轉徙之塗乎？」意而子曰：「雖然，吾願遊於其藩。」許由曰：「不然。夫盲者無以與乎眉目顏色之好，瞽者無以與乎青黃黼黻之觀。」意而子曰：「夫無莊之失其美，據梁之失其力，黃帝之亡其知，皆在鑪捶之間耳。庸詎知夫造物者之不息我黥而補我劓，使我乘成以隨先生邪？」許由曰：「噫！未可知也。我為汝言其大略。吾師乎！吾師乎！齏萬物而不為義，澤及萬世而不為仁，長於上古而不為老，覆載天地刻雕眾形而不為巧，此所遊已。」

——〈大宗師〉第七段

〈大宗師〉從首段提出何謂真人這個課題，接著論真人的本質、論如何修成真人的工夫、論工夫的核心在面對死亡、論解消死亡負累之道乃在放下種種執著。到了第七段，更點出做工夫是所有人想成為真人的必然歷程，正所謂從做中學、從過中學也。

有一天，意而子去拜訪許由，許由問他：「你從堯那邊來，堯有教導你什麼嗎？（「資」，提供、幫助也）」意而子回答說：「堯告訴我一定要認真地行仁義，明確地論是非。」許由說：

「那你還來找我做什麼呢？（『軹』是語氣詞）堯已經用仁義道德的教條傷害了你的生命自然了（『黥』是在臉上刺字，『劓』是割掉鼻子，都是古代五刑之一），你還可能在自然任真的世界中逍遙自在嗎？」意而子說：「雖然我的生命的確已經被道德框框綑綁傷害得很深，但我還是想有機會能過逍遙自在的生活（『藩』是籬笆，即範疇之意）。」許由說：「已經沒機會了！當生命受傷殘缺失去了本真，也就喪失了體驗自由的能力。就好像盲人喪失了觀賞美好容貌與華麗錦繡的能力一樣（『瞽』也是盲的意思）。」

意而子聽了，很不服氣，就辯解說：「古時候的美人無莊，本來也被她的美麗束縛，後來經過修道才放下這層負擔。大力士據梁也是通過修道才解脫了他的盛名之累。黃帝也一樣，他以政治知能治民定國的重擔也是經過修道才放下的呀！他們都是經過一番磨鍊才修成正果；說不定老天爺也會給我同樣的機會去療癒我的創傷，讓我重新以健康的生命去跟從老師您學習逍遙之道呢！」許由說：「是耶！的確搞不好是有這個機會。好罷！我就姑且跟你提示一下修道的大原則（即所謂『師』），無非就是專注於做人間之事，卻不要在乎做此事之名。例如釐清萬物的異同分際（『齏』，割碎也，引申為分析釐清），卻不管這行為是否叫做義。為人民造了萬世之福，卻別管這是否叫做仁。得高壽卻別為此自得。乃至有能力安頓天地、整飭萬物，也不自命為巧匠。所謂逍遙遊，也不過就如此簡單罷了！」

工夫的最高境界其實要靠自己領悟

顏回曰：「回益矣。」仲尼曰：「何謂也？」曰：「回忘仁義矣。」曰：「可矣，猶未也。」他日，復見，曰：「回益矣。」曰：「何謂也？」曰：「回忘禮樂矣。」曰：「可矣，猶未也。」他日，復見，曰：「回益矣。」曰：「何謂也？」曰：「回坐忘矣。」仲尼蹴然曰：「何謂坐忘？」顏回曰：「墮肢體，黜聰明，離形去知，同於大通，此謂坐忘。」仲尼曰：「同則無好也，化則無常也。而果其賢乎！丘也請從而後也。」

——〈大宗師〉第八段

〈大宗師〉進行到第八段，已近尾聲，但文章要怎樣收束作結呢？莊子不愧大師，最後八、九兩段恍如電影的收尾，非常戲劇性又有鮮活的畫面。第八段是點出全文的工夫核心：坐忘（當下就忘）。至於最末一段點出什麼？下次再談。

第八段點出工夫核心：坐忘。這本來不希奇，從〈逍遙遊〉以來，已提到不曉得多少次；最接近的就是〈大宗師〉第三段的從外天下到朝徹。但本段的美妙在通過孔子和顏回的連串重複性對話來步步逼出。頗有《詩經》一唱三歎的韻味，更有趣的是孔子假裝不懂，步步引出顏回的覺悟才予以讚嘆，可說是戲劇張力十足。

有一次顏回跟孔子報告他工夫修養的進程說：「我覺得自己有進步了耶！」孔子曰：「有怎樣的進步呢？」顏回說：「我已經把社會灌輸給我的道德框框都放下了！」孔子說：「這不錯呀！但工夫還不算到家。」過了一陣子，顏回又來跟孔子報告：「我覺得自己又有進步了！」孔子說：「這次又有怎樣的進步呢？」顏回說：「我連日常生活的各種習慣模式都通通放下了！」孔子說：「這也很不錯，不過還是不算到家。」又過了一陣子，顏回又來求見，跟孔子說：「我又有進步了耶！」孔子說：「再說來聽聽。」顏回說：「我前一剎那才經歷的事，下一剎那就忘了！」孔子聽了不由得吃了一驚，說：「這是種怎樣的境界呀？」顏回說：「就是把生活的重心，徹底從由歷史經驗歸納而來的知識世界回歸到生命的當下實存。這樣就不會被有限的形體所阻隔，被定型的知識所框限（離形去知），就能當下和整個宇宙融通了（同於大通）！」孔子說：「真的！當人能和整個宇宙都相通不隔的時候，自然就不會有任何偏執，當人能隨宇宙變化而同步變化的時候，自然就不會滯留在任何主觀經驗之中了！你真的是工夫作到極致的大家啊！看來連我都該反過來跟你學習了！」

孔子真的是工夫修養還不如他的學生顏回嗎？當然不是，否則他怎麼有資格一再評定顏回的境界雖可而猶未到家？不如說孔子是故意讓開一步，讓顏回當主角，來凸顯這工夫修養的進程與境界的高妙。也就是說，是他們師生倆合作演出這一幕戲，來點活讀者的靈感啦！此外，也不無暗示出工夫修養其實全靠自己摸索領悟，不能靠老師教的意思。這就是莊子善能曲盡其妙的高明筆法啊！

生命存在的本質原來只是偶然

子輿與子桑友，而霖雨十日。子輿曰：「子桑殆病矣！」裹飯而往食之。至子桑之門，則若歌若哭，鼓琴曰：「父邪？母邪？天乎？人乎？」有不任其聲而促舉其詩焉。子輿入，曰：「子之歌詩，何故若是？」曰：「吾思夫使我至此極者，而弗得也。父母豈欲吾貧哉？天無私覆，地無私載，天地豈私貧我哉？求其為之者而不得也。然而至此極者，命也夫！」

——〈大宗師〉第九段

〈大宗師〉的最後一段是非常特殊而重要的一段，可說是全篇的點題與總結，點出生死問題亦即生命的存在本質，就在非理性的偶然，莊子即稱之為命：

子輿和子桑是一對好朋友。有一次遇到極惡劣的天氣：大雨十天都不止。子輿憂心地自言自語：「子桑一定無法外出覓食，恐怕要餓壞了！」於是包了一團飯送去。到了子桑家的門外，卻聽到屋內傳出子桑一邊彈琴一邊唱歌的聲音，那聲音又像在唱歌又像在哭，歌詞是：「是老爸老媽的緣故嗎？還是老天爺的意思呢？」他唱得簡直是聲嘶力竭，荒腔走板，只能算是勉強把歌詞表達出來罷了！子輿進了門，就問子桑：「你為什麼會唱出這樣悲涼的歌呀？」子桑說：「那是因為我在想：到底是什麼原因造成我落到這樣悲慘至極的地步？卻怎麼也找不到答案。父母生我，當然是愛我的，怎麼會希望我貧窮至此？至於天地，應該是大公無私，對萬物一視同仁的；又怎麼會單單置我於極端貧困的死地呢？我在找尋致我於此的原因，卻完全找不到答案。但我事實上就是如此悲慘，無可置疑，那大概只能說：這就是命罷！」

莊子藉這個小故事，其實點出了生命存在的核心本質，就是非理性與偶然。所謂非理性，就是生命如此存在，完全沒有原因沒有理由，而僅僅是一個事實。而這樣一個純粹事實的發生，就稱為偶然。

但人們卻習慣性地總以為有果必有因，一切事情的產生，前面一定有一連串或簡單或複雜的因果序列。因此只要我們研究清楚其間的因果關係，便能從源頭著手，藉掌握事物發生的必要條件以控制後續的發展。這正是西方知識、現代科學的研究主題與理想所在。卻不知知識的功效，只有相對或然率的提升，而永沒有絕對的保證。於是當例外發生，人就會受到意外的打擊而陷入受傷痛苦之中。而道家老莊之學，就是要點出生命的存在，永遠蘊涵有理性知識不能觸碰到的偶然（而非必然）成分。提醒人要時時刻刻作好心理準備，當這例外而無常的存在本質在我們眼前發生，要如實接受，把對常模的習慣性預期立刻放下，才能安度這存在的危機。

原來子桑之所以若歌若哭，不正因為他的際遇太不合常模而不免有意外不幸之感嗎？但在他遍尋原因而不得之時，應該是頓悟到生命的存在本質原來是非理性與偶然，而終於得到悲涼情緒的疏解了罷！

卷七　應帝王

好領袖應該和人民一同呼吸

齧缺問於王倪，四問而四不知。齧缺因躍而大喜，行以告蒲衣子。蒲衣子曰：「而乃今知之乎？有虞氏不及泰氏。有虞氏，其猶藏仁以要人；亦得人矣，而未始出於非人。泰氏，其臥徐徐，其覺于于；一以己為馬，一以己為牛；其知情信，其德甚真，而未始入於非人。」

——〈應帝王〉第一段

本書疏解《莊子》內七篇之義理，終於來到最後一篇〈應帝王〉了！

「應帝王」是什麼意思？「帝王」者，人間秩序或體制運作之主也。「應帝王」者，應幾而出，姑且扮演人間秩序之主也。其中之眼，當然在「應」字。意思乃是：即使你在社會上飛黃騰達，作到政治上的最高領袖（其他層次或領域的領袖如部長、企業家等更不在話下），都要謹記：我本身只是一個人，帝王只是順應時勢，暫時作的角色扮演，時候一到，我就欣然下台，揮揮衣袖不帶走一片雲彩。而且不只到下台時才如此瀟灑，即使在日理萬機的時候，我也清楚知道我與萬民平等，同樣是人。我所做的純然是符應人民的普遍人性去為他們服務，而不是我有什麼自家的理想、主義要憑空強加在人民頭上。像這樣始終都只是以一個人的本分去扮演任何角色的人，才是真人，也才會是明君。〈應帝王〉一篇可算是莊子的政治哲學罷！但依然須以真人為本。

〈應帝王〉的第一段，就首先藉有虞氏與泰氏兩代君王的對比，點出這即明君即真人的型範：

有一天，齧缺去跟王倪求教，結果他連問四個問題，王倪都回答說不知道。齧缺卻沒有失望，反而因此領悟到一切人生問題的答案都在每個人自己身上，哪能去問別人呢？（王倪回答不知道，就是要提醒他不假外求呀！）齧缺因此高興得手舞足蹈地去和蒲衣子分享他的喜悅。蒲衣子說：你現在明白為什麼虞舜比不上太昊了罷！就因為虞舜為君，雖然已遠高於一般帝王，但心中還不免始終存了個順人性以愛人民的想法（藏仁以要人）。這寬鬆點講也算是得人民愛戴的仁君了！但就差在他認識到的仁或人性，仍只是個刻板的概念與意識型態，對實存的、活活潑潑的人性而言，嚴格說還不免異化而有假（非人）。至於太昊呢！卻是始終都不離真實存在的人生與對人間事的靈活感應。你看他每天的行住坐臥，或睡或醒，都是那麼自然從容不做作；當和馬相處他就覺得自己是馬，與牛相處就覺得自己是牛，總之是時時刻刻都感應他的存在情境，與情境中的人事物冥合無間，渾成一體。因此他對情境的了解是如實不隔的，他的生命狀態（德）是完全沒有異化變假的。他始終都是個真人，所以也從來不會以非人的概括律法去規範人民，傷害人民的生命。

像這樣始終不離人性，能以心印心，與時俱化的領導者，不論是高到總統還是低到科長，都才是真實與人民一同呼吸的好領導者啊！

將心比心比依法行政更重要

肩吾見狂接輿。狂接輿曰：「日中始何以語女？」肩吾曰：「告我君人者，以己出經式義度，人孰敢不聽而化諸！」狂接輿曰：「是欺德也。其於治天下也，猶涉海鑿河而使蚊負山也。夫聖人之治也，治外乎？正而後行，確乎能其事而已矣。且鳥高飛以避矰弋之害，鼷鼠深穴乎神丘之下以避熏鑿之患，而曾二蟲之無知！」

——〈應帝王〉第二段

承接著上一段提出的主題：為政之道，不在以規範引導乃至約束人民，而在時時敏銳感應人民的存在情況，依著普遍人性，順著真實人心，自然地熨貼人情。這樣，儘管為政清簡，實則無為而治。這才是與人民一起呼吸的明君啊！

承接著這個主題，第二段仍然是換一種說法而表示同樣的意旨：

有一天，肩吾去見狂接輿。狂接輿問他：「你上次去跟日中始求教的時候，他是怎麼跟你說的？」肩吾回答說：「他告訴我身為人民的領導者，要盡到自己治國的責任，那就是規劃一套周密嚴整的制度法規（經式義度，義即儀），讓人民完全沒有漏洞可以鑽。這樣，誰還敢不依法行事，接受領導者的管理呢？」

狂接輿聽了，大大不以為然地說：「這完全是一種虛假不實的治國之道（即所謂「欺德」，欺的意思是欺騙、欺矇，就是遮蔽真理的意思，亦即假道德也）。想用這樣的方式來治平天下，是完全不可能的；就像想在海底鑿一條河道，或是想讓微弱的蚊子去背負一座大山一樣的不可能成功。

「那麼怎樣才是明君的治國正道呢？首要的原則是不靠外在的刻板律法（治外），而是用端正己身來感召人民，讓人民各各不同的存在問題，都能如實地得到各適其適的解決（確乎能其事）罷了！這樣能熨貼人情的君王，才是人民樂於親近的明君啊！否則，想要用刻板的法規乃至嚴刑竣法來管束人民，一定只會造成人民的傷害。為了避害，人民一定會躲避得遠遠的。就像鳥雀為了躲避弓箭的傷害（矰弋是拖著長線的箭，好射中之後方便循線去拾獲獵物）而高飛到天上；家鼠也懂得把洞穴深深挖在祭土地公的神壇底下，好躲避人們用煙熏灌水的辦法去逼牠們出來。連小動物都知道要躲避禍患，難道人民的智慧還不如小鳥和家鼠嗎？君王用這種傷害人民的辦法去治民，只會把人民趕走罷了！」

老莊的政治哲學其實完全沒有討論到如何施政，老莊哲學的重點其實是放在為政者的心態到底是愛人民還是利用人民之上，所謂愛民如子，將心比心。能如此，他的施政自然會恰到好處，適可而止。就實際施政而言，種種制度法規的設立仍是不可免的，重點在憑仁心，則制度運作自然利民；不憑仁心，則制度法規必不免害民罷了！

生命的純淨善感是為政的先決條件

天根遊於殷陽，至蓼水之上，適遭無名人而問焉，曰：「請問為天下。」無名人曰：「去！汝鄙人也，何問之不豫也！予方將與造物者為人，厭，則又乘夫莽眇之鳥，以出六極之外，而遊無何有之鄉，以處壙埌之野。汝又何帛以治天下感予之心為？」又復問，無名人曰：「汝遊心於淡，合氣於漠，順物自然而無容私焉，而天下治矣。」

——〈應帝王〉第三段

承接著前面兩段，第三段的主題仍然是建議人君要在運作制度之前，先存一份無為之心，以感應人民的實存生命照顧他們的感情需求，這樣才能夠事少功多，無為而治。

一位名叫天根的人，正在殷山南麓旅遊，在蓼河邊遇到一位不知其名的人。天根就向他請教該如何治理天下。無名氏回答說：「你為什麼要問這種讓人不愉快的問題呀？你不知道我在眼前當下，正要放下種種俗務，回到生命的源頭，去和造物主打交道嗎？等和祂聊夠了（『厭』，饜足也），我還準備駕著太虛之氣（『莽眇』，混沌未分貌，『莽眇之鳥』，喻天地未分時的太虛元氣），超越這有限人間（『六極』，指上下四方），去到那鴻濛未分，廣濶無邊的原始世界遊玩呢！你又何必拿這些治理天下的無聊話題（『帛』，謊言、夢話）來煩我呀？」

但天根還是不死心地追問，無名氏只好說：「你想治理好天下，就得先把心上的種種成見執著、概念想法都洗得乾乾淨淨（由濃而淡終至於無），讓生命之氣從局限解脫，從而與宇宙大氣相融無隔。這樣當你為人民（『物』亦人也，故常連稱為『人物』）考慮的時候，才能熨貼人情，不存絲毫私心，而使天下大治。」

這一段主題雖和前兩段無別，卻進一步點出一個超乎有限現實的形上世界，以此喻生命乃至政治的根本原理。必須依據這源頭真理去思考去為政，才能避免無明造作，而有效為人民造福啊！

當然，這所謂原理並不是指與政治外部相關的知識技術性原理，或體制操作的原理，而是指與政治內部相關的生命道德性原理，亦即心性淨化、生命相感的原理。這一層原理就道家而言專指損之又損的淨化工夫，與虛靈感應的生命存在樣態。就儒家而言，則專指對人性普遍常道、人文理想的肯定，與權衡輕重、以有效求理想實現的創闢工夫。雖然儒道義理其實一體相通，但莊子既屬道家人物，他所陳述的原理畢竟偏重在生命的純淨感應，即本段所謂「遊心於淡，合氣於漠，順物自然而無容私焉」之上。

把有為還給人民，無為留給自己

陽子居見老聃，曰：「有人於此，嚮疾彊梁，物徹疏明，學道不勸。如是者，可比明王乎？」老聃曰：「是於聖人也，胥易技係，勞形怵心者也。且也虎豹之文來田，猨狙之便、執斄之狗來藉。如是者，可比明王乎？」陽子居蹴然曰：「敢問明王之治。」老聃曰：「明王之治：功蓋天下，而似不自己，化貸萬物，而民弗恃；有莫舉名，使物自喜；立乎不測，而遊於無有者也。」

——〈應帝王〉第四段

承順上一段談為政者應該先有一份沖虛無為，自然善感的無私心態，才有資格去平治天下。本段依然在表彰此意，但卻多了一重內外條件的對照。所謂內在條件，當然就是指這份沖虛善應的心態，而所謂外在條件，則是指治國施政的種種技能魄力。莊子當然不是認為外在條件不重要，而是要點出兩者的本末關係。亦即：外在的技能魄力只是一種中性的工具，能讓工具有效發揮的，畢竟仍在用心的清明無私。

陽子居有一次見到老子，問了他一個這樣的問題：「如果現在有一個人，他行動迅疾（嚮疾），富有魄力（彊梁，多力貌）；又思考縝密，善於分析（物徹疏明，於事能分疏明白，深刻徹底）；還加上向學不倦，上進不息。擁有這麼多的優點，請問有資格做一位明君了嗎？」

老子回答說：「這些優點其實和明君（聖人，於此實指明王）本質上是不相干的，因為這都只是技術性的優點，如果沒有更根本的內心修養，這些外在優點反而會構成拖累，導致身心的傷害（勞形怵心）。就像掌管舞樂的胥吏，負責占筮的巫師，每天忙於這些瑣碎的技能，終究會形成慣性的制約（技係，為技術細節所牽繫制約也），而妨害了他身心的安寧舒暢。也就是說：你有什麼優點，你就同樣有可能被這優點傷害。就如虎豹正因有美麗的斑紋，所以招來人們的獵殺；猿猴正因行動便捷，獵狗則因有捕獵狸狌之能，所以被人利用役使（籍，用鍊條繫鎖也）。你認為明王的形象會是這樣嗎？」

陽子君聽了，不免心有失落之感，只好問：「那麼要怎樣的表現才配稱為明王呢？」老子說：「明王最重要的就是要能做到無為而治。什麼叫無為而治呢？就是事實上為天下老百姓做了許多有益民生的事，但看起來卻好像都不是自己做的（『不自己』，不來自我之所為也）；明明對全體人民都有所付出有所幫助，但人民卻不感覺到是靠你才完成的（而覺得是靠他自己完成的）。總之是事實上都有在做，但卻完全沒有誇耀標榜（『莫舉名』，沒有以名標舉也）是自己的功勞，只是無私地讓人民活在自得其樂的幸福生活之中。換言之，明王之治就是讓自己處在一個無聲無臭，無為無名的地位，不干擾人民而讓人民各遂其生啊！」

是的，這就叫做無用之用不生之生，也就是不妄有作為而讓人民各自活出自己的無為之治啊！

自由人不會讓算命先生鐵口直斷

鄭有神巫曰季咸，知人之死生存亡，禍福壽夭，期以歲月旬日，若神。鄭人見之，皆棄而走。列子見之而心醉，歸，以告壺子，曰：「始吾以夫子之道為至矣，則又有至焉者矣。」壺子曰：「吾與汝既其文，未既其實，而固得道與？眾雌而無雄，而又奚卵焉！而以道與世亢，必信，夫故使人得而相汝。嘗試與來，以予示之。」

——〈應帝王〉第五段

我們終於來到〈應帝王〉篇最重要也最精采的一段了！在這一段中，莊子藉著壺子示相這一個寓言，充分表達了莊子之學，或說以掌握真我為核心要義的生命哲學，完全不是一種言說知解的學問，而是必須通過真誠懇切的修養體驗，最終能活出真我的學問。而所謂真我，雖儒道相通，畢竟重心有別：儒家重在藉道德創造活出生命的意義價值，道家則重在無論環境際遇如何，都依然活得自由。而自由者，即自我所由，即永恆地由自我作主，不被任何外在條件或框架所限制束縛的意思。

而這種主體自由，在這一段便通過活潑自由的生命不可能被命相之術所斷定來表示。

鄭國有一位相術非常高明的巫師名叫季咸。他幫人看相神準，能預知人的生死存亡，際遇順逆，甚至能精確預言事情發生的年月日時，簡直就像神仙一樣。結果鄭國人看到他，都驚慌走避。列子卻在和季咸見面之後，深感佩服神往。回來告訴他的老師壺子說：「我本以為老師的學問已經是當代第一，沒想到又遇見一位學問比老師還好的奇人。」

壺子回答列子說：「過去這段日子你跟我求學，其實重心只在理論層面。我雖然把我的理論都全教給你了（既其文，既是完畢之義），但還來不及教你如何將理論落在生活中去消化體驗（既其實）。你以為光學會理論，知解文字，就可以算是得道了嗎？若沒有一顆明覺能自作主宰的心去活用這些理論，你是沒有辦法去博愛眾生，成就化育萬物之功的。就好像徒有一群母雞，若沒有一隻讓牠們受孕的公雞，就算天天下蛋，也孵不出一隻小雞一樣（眾雌而無雄，而又奚卵焉！句中，『而』通『爾』，『卵』是動詞，乃化育義）。我為什麼這樣說你？就因你如果只依靠這些分析性的理論，而沒有一顆能感通人我的心，就必然會與世人構成對立抗衡的關係（以道與世亢，『亢』，抗也）；這也就無可避免地會暴露凸顯了自己，讓自己成為被攻擊的箭靶（『信』，伸也，凸顯也），也使別人有機會觀察你、掌控你，置你於危險之地。這都因你還沒有做好讓心靈自我自由揮灑，脫然無累的工夫所致。關於這一層工夫，你不妨下回邀季咸一起來，我顯一個相去給他看，看他怎麼說，你就可以領悟這層工夫何在了！」

壺子會顯示出什麼相去給季咸看呢？遂引出一連串精采的情節來……

生命的存在該由誰作主

……明日，列子與之見壺子。出而謂列子曰：「嘻！子之先生死矣！弗活矣！不以旬數矣！吾見怪焉，見溼灰焉。」列子入，泣涕沾襟以告壺子。壺子曰：「鄉吾示之以地文，萌乎不震不止。是殆見吾杜德機也。嘗又與來。」明日，又與之見壺子。出而謂列子曰：「幸矣！子之先生遇我也。有瘳矣，全然有生矣！吾見其杜權矣。」列子入，以告壺子。壺子曰：「鄉吾示之以天壤，名實不入，而機發於踵。是殆見吾善者機也。嘗又與來。」明日，又與之見壺子。出而謂列子曰：「子之先生不齊，吾無得而相焉。試齊，且復相之。」

——〈應帝王〉第五段

上回談到列子遇到一位神相手季咸，為之心醉，乃向他的老師壺子盛讚此人。壺子遂吩咐列子找季咸來，準備示個相請季咸試看看……

過了幾天，列子果然帶了季咸來見壺子。告辭出來，季咸就跟列子說：「唉呀！你的老師恐怕死定了！再也治不好了！死期恐怕不到十天了！因為我在他身上看到不尋常的異相，就是再也點不著的死灰之相。」

列子聽了，淚流滿面地去告訴壺子這個噩耗。沒想到壺子輕鬆地回答說：「別緊張，那是因為我剛才（鄉）選了個『陰相』（地文）顯給他看的緣故。所謂陰相就是不顯動相（震）也不顯靜相（止），這就是杜絕一切生機（杜德機）的死相呀！所以他才會有那樣的論斷。你不妨找他來再看一次。」

過了幾天，列子又帶了季咸來，看完相告辭出來，季咸跟列子說：「幸虧你老師遇到我，他的命有救了（『瘳』，病情好轉也）！他的病可以痊癒了！因為我在他堵塞封閉（杜）的相中看到一線生機（『權』，變也，轉機也）。」列子送別了季咸，就回來告訴壺子這個好消息。壺子說：「那是因為我剛才選了個『陽相』（天壤）顯給他看的緣故。所謂陽相就是天機剛入地中（壤），還不成任何形狀（名實不入），純顯一點生機（機發於踵，生機從腳跟亦即基礎處萌發也），就是所謂『善者機』（生機）也！你不妨再邀他來看一下。」

過了幾天，列子果然又帶季咸來見壺子。這回看完出來，季咸跟列子說：「你老師的相流動不定，不成相型，我沒辦法審察。請你告訴你老師，試著寧定心神，我再來給他看相。」

這回壺子是示了個什麼相來給季咸看呢？因為篇幅所限，我們且按下不表。但光從前面兩次，我們已經可以有起碼的領悟，就是：季咸再會看相，頂多也不過是像一面鏡子，正確反應出他人的生命存在狀況罷了！更重要的我們每個人的生命存在狀態到底是由誰作主？答案不該是像壺子那樣由自己作主嗎？許多人把自己的命運交由算命先生作主，恐怕反而是生命的歧出罷！

內在自由才是真正安身立命

……列子入，以告壺子。壺子曰：「吾鄉示之以太沖莫勝。是殆見吾衡氣機也。鯢桓之審為淵，止水之審為淵，流水之審為淵。淵有九名，此處三焉。嘗又與來。」明日，又與之見壺子。立未定，自失而走。壺子曰：「追之！」列子追之不及。反，以報壺子曰：「已滅矣，已失矣，吾弗及已。」壺子曰：「鄉吾示之以未始出吾宗。吾與之虛而委蛇，不知其誰何，因以為弟靡，因以為波流，故逃也。」然後列子自以為未始學而歸，三年不出。為其妻爨，食豕如食人。於事無與親，雕琢復朴，塊然獨以其形立。紛而封哉，一以是終。

——〈應帝王〉第五段

上回談到列子引相士季咸去給他老師壺子看相，壺子第一次示了個陰相（杜德機），第二次示了個陽相（善者機）給季咸看。到第三次，季咸說壺子臉色陰晴不定，沒法子看，叫列子請他老師寧定心神後他再來看……

於是列子送走季咸後，回來轉告壺子。壺子說：「那是因為我剛才顯了個『曖昧相』（太沖莫勝，沖是空虛，勝是朕的假借字，即空洞無任何明確朕兆之相）給他看的緣故。所謂曖昧相正是天地初交，萬物始生，漸次成形，而尚未真成之際，此時陰相陽相都有可能的意思。也就是所謂『衡氣機』也。這種種不同的示相如果用深水池（淵、審）來比喻，深水池的形狀總算有九種（九是極多的意思），其中三種分別是：大魚可以在其中盤桓的漩渦型（衡氣機）、靜止不動型（杜德機）、流動不止型（善者機），也就是我之前顯示的三種相，其實除了這三種，我還有很多相可以顯示給他看呢！所以，你不妨再邀季咸來。」

過了幾天，列子果然又和季咸來見壺子。結果進門後季咸還沒站定哩，就驚慌失態地回頭逃走了。壺子立刻吩咐列子快追！但列子出門已經追不上了。只好回來報告老師說：「已不見季咸蹤影，已追不上了。」於是壺子跟列子解釋說：「我剛才是顯了個『無相』（未始出吾宗，也就是回到萬物未生的根源處，也就是『道』）給他看。所謂無相，並不是什麼都沒有，而是像一面鏡子般虛己以待物（虛而委蛇，委蛇是隨順的意思）。也就是不顯任何我相（不知其誰何），而只是反映出對方的相（因以為弟靡，因以為波隨。弟靡、波隨都是隨順義）。這讓季咸因暴露了自己（反被壺子看穿）而害怕逃走了！」於是列子終於明白老師的學問才是真能安身立命的學問。如季咸之流，仍只不過是用更精巧高明的手段去掌控別人，以維護自我安全感罷了！遇到他無法掌控的真正高人如壺子，立刻就穿幫了！於是列子才明白自己以前學的學問都不算什麼，遂回家老實做人，三年之內都沒有離家一步。在家幫妻子做飯，餵豬也跟侍候人一樣平等相待。對待任何事都沒有分別心，放下所有人文雕琢的痕跡，回到生命素樸原始的狀態，就像土塊一般無知無欲地安穩存在著。不管外在世界如何紛紜散亂，他都絲毫不受影響，就如此過了一生……

應物心態總名為虛

無為名尸，無為謀府，無為事任，無為知主。體盡無窮，而遊無朕，盡其所受乎天，而無見得，亦虛而已。至人之用心若鏡，不將不迎，應而不藏，故能勝物而不傷。

——〈應帝王〉第六段

莊子在藉壺子示相生動地展示出道家的應世之道之後，全篇也接近尾聲，而該作一個總結了。本段就是以精確的說理文字來作全文的結論。

在解讀這段結論之前，不妨再回顧一下前文各段，它們所表示的意思，無非正反兩端。從反面說是提醒人要避免在社會結構中受傷，如不要勞形怵心，入於非人，而為人所掌控。從正面說則是提出能助人免於受傷的工夫修養之道，如遊心於淡，順物自然，而能主動地靈活應變等等。本段便是將這正反兩端的要點，作一種扼要的重提。

莊子說：「應世之道，首先要避免下列的歧途：不要被任何名義（包括榮譽、職位、價值觀、意識型態等等）所套牢（名之尸，即成為名義所寄居的空殼也）；不要生心動念全是為鬥爭而起的策略權謀（謀府，即謀略之倉庫也）；不要讓任何事務構成生命的負擔（事之任）；不要生命的內容除了知識之外便一無所有（只是知之主，而非德之主）。

以上四點，可以說都是生命的異化表現，那麼人生態度應該怎樣才對呢？莊子說：應該從向外追逐轉回到自己身上，深切體會生命存在的本身就是一種永恆（體盡無窮），因此生心動念都該扣緊這無聲無臭的生命之源（遊於無朕，朕，徵兆也）。至於天天迎面而來的自然變化，只須當幾順受（盡其所受乎天），過而不留，毫不執著（而無見得，不自以為有所得，即無執著也）就行了！換言之，就是把握一個「虛」的總原則罷了（亦虛而已）！

以上這段話十分扼要，可算是表達了道家人生態度的核心要義。這要義可分兩點來說：其一是世界上當下呈現的一切現象，本質都是偶然發生的，既無因果，更非宿命注定，因此也都無意義價值可言，它發生了，就只是發生了而已。於是引生要點之二，就是我們應對這「受乎天」的人生際遇，也就不必憑空添加自以為是的意義價值內容，貼上好或壞的標籤，而只須以虛靜之心，無名善應就行了！

至於這虛靜無為之心是一種怎樣的心態？莊子用了一個很好的比喻來說明：一位修道有成的人，他的心態就像一面纖塵不染的明鏡，只是單純地照映出當下所遇的事象，然後過而不留（應而不藏，藏，留存歸檔也），既沒有肯定它（不將，沒有扶持也），也沒有否定它（不迎，迎，反對抗拒也）。因此當然不會跟任何事物際遇構成對立摩擦的關係，既不作名利權位青春美貌（總稱為物）的奴隸（勝物，作物之主也），當然也就不會因所求不遂而失望受傷了！

倏忽的存在感仍在回歸渾沌

南海之帝為儵，北海之帝為忽，中央之帝為渾沌。儵與忽時相與遇於渾沌之地，渾沌待之甚善。儵與忽謀報渾沌之德，曰：「人皆有七竅以視聽食息，此獨無有，嘗試鑿之。」日鑿一竅，七日而渾沌死。

——〈應帝王〉第七段

這是〈應帝王〉篇的最後一段，也是《莊子》內七篇的最後一段，也是本書的最後一篇：第一百零八篇了！一百零八，也是個自然發展又湊巧像是個好數目的數字罷！（這數字是有意義的嗎？還是純屬偶然呢？）

在這最後時刻，莊子講了個著名的人生比喻，也發出深沉的歧途感慨。真的，他講的這個故事，就是所有人的宿命，但其實每一個人都有自由的能力從這陷阱超拔，從這歧途回歸，一切就在人一念之間而已。

莊子首先用儵與忽來和渾沌相對照，前者就是指生命的人為分析與破裂，後者才是生命的統整與自然。儵忽與渾沌都是狀聲詞，儵忽今人寫作倏忽，乃是短暫匆促的意思；渾沌則是一體圓融的意思。從這命名已看出莊子的暗示，尤其渾沌是中是一，儵與忽則是南北二分，真假久暫之辨，已很清楚了！

但這破裂虛妄的假人生是怎麼來的呢？可說全是人自找的，關鍵就在生命、自我的誤認：人總是誤把世界上本質中性且偶然發生的暫時現象，認為是有永恆實在價值的事物，而發意追求，卻不知反而因此失落了真我，斲傷了生命。

但人為什麼會有此誤認呢？根本原因是世間所有偶然呈現的中性事物，只要被人接觸，就自然必然會感染到人心的價值需求而變得有意義有價值起來。原來一切事物之所以給人意義感價值感，全不是這事物本身有意義價值，而全是由人自己所賦予。但人不明白這原由，而誤以為意義價值在客觀事物，遂在追逐外物中貶抑了自己也迷失了自己，遂走上人生的歧途，造成生命的自傷。

換言之，儵與忽本與渾沌為一體，儵忽是暫時表相，渾沌是內在真我。儵忽的美好存在感（善）其實都從渾沌來（渾沌待之甚善），但他們執著自己的分析假相（凝為知識，執為常識），反而以此假標準去衡量渾沌，而覺得渾沌可憐，遂想以人為標準去改造渾沌（就像以標準的身材去衡量自己，以減肥瘦身來雕塑自己），卻不知反因此喪失自然自信的生命本真之美了！但世上人人如此，豈不可慨可嘆嗎？

南海的帝王叫做儵，北海的帝王叫做忽，中央的帝王叫做渾沌。

儵與忽因為相隔遙遠，彼此思念，於是常常相約到中央渾沌帝的屬地去相會，生命相觸，感情交流，當然非常愉快（表面上是渾沌待之甚善，其實是他們暫時放下分別心，回歸到生命自我的根源）。但他們並不明白箇中道理，仍然以為是自己離鄉背井的奮鬥打拚，因此博得的榮華富貴才是幸福的依憑（所謂衣錦榮歸，家鄉人才會這麼歡迎你善待你呀）。為了報答渾沌（也就是純樸的老家鄉親）的歡迎善待，遂想用自己的外表榮華為標準（五官俊美，體態優雅）去改造渾沌。卻完全沒想到，當改造成功之時，就是真誠純樸喪失之日。世人不都是如此自我改造而成為沒心肝的行屍走肉的嗎？細思之真不免要為之扼腕長嘆啊！

本書以一百零八篇的空前長度，將莊子內七篇的生命精神細細解說，娓娓道來，到此也終於告一段落了！但語言再多，也終屬糟粕；偶有一得，實僅供參考。性命之源，仍在每個人自己身上，而取決於人心一念之迷悟而已。

九　　歌　　文　　庫　　　　1　　3　　1　　3

在無何有之鄉遇見莊子

國家圖書館出版品預行編目（CIP）資料

在無何有之鄉遇見莊子／曾昭旭著 . -- 初版 . -- 臺北市：九歌，2019.08

面；　公分 . --（九歌文庫；1313）

ISBN　978-986-450-252-3(平裝)

1. 莊子　2. 研究考訂　3. 老莊哲學

121.337　　　　　　　　　　　　108010875

作　　者——曾昭旭
責任編輯——鍾欣純
創 辦 人——蔡文甫
發 行 人——蔡澤玉
出　　版——九歌出版社有限公司
　　　　　台北市 105 八德路 3 段 12 巷 57 弄 40 號
　　　　　電話／02-25776564・傳真／02-25789205
　　　　　郵政劃撥／0112295-1

九歌文學網　www.chiuko.com.tw

印　　刷——晨捷印製股份有限公司
法律顧問——龍躍天律師 ・ 蕭雄淋律師 ・ 董安丹律師
初　　版——2019 年 8 月
初版 2 印——2020 年 12 月
定　　價——320 元
書　　號——F1313
I S B N——978-986-450-252-3　（平裝）